A Matemática e os Temas Transversais

Educação em Pauta: Temas Transversais

A partir da importância que os chamados "temas transversais" começam a ter na organização da estrutura curricular e do sistema educacional brasileiro, a série *Temas Transversais* desta coleção objetiva publicar o trabalho de pesquisadores que tenham contribuições teóricas e práticas para a implementação dessa concepção educacional na realidade brasileira.

ALEXANDRINA MONTEIRO
GERALDO POMPEU JUNIOR

A MATEMÁTICA E OS TEMAS TRANSVERSAIS

Coordenação: *Ulisses F. Araújo*

EDITORA MODERNA

COORDENAÇÃO EDITORIAL: Carminha Branco
PREPARAÇÃO DE ORIGINAIS: Maria Aiko Nishijima
REVISÃO: Célia Regina do N. Camargo
PROJETO GRÁFICO: Ana Maria Onofri
CAPA: João Baptista Costa Aguiar
ICONOGRAFIA: Fotos cedidas gentilmente por Ulisses Nunes Gomes, João Francisco do Nascimento e Eunice Cândido da Silva Gomes
DIAGRAMAÇÃO: Iara Susue Rikimaru
SAÍDA DE FILMES: Helio P. de Souza Filho
COORDENAÇÃO DO PCP: Fernando Dalto Degan
IMPRESSÃO E ACABAMENTO: Book RJ Gráfica

Dados Internacionais de Catalogação na Publicação (CIP)
(Câmara Brasileira do Livro, SP, Brasil)

Monteiro, Alexandrina
A matemática e os temas transversais / Alexandrina Monteiro, Geraldo Pompeu Jr. — São Paulo : Moderna, 2001. — (Educação em pauta : temas transversais)

Bibliografia.

1. Etnomatemática 2. Matemática – Estudo e ensino 3. Matemática – Formação de professores I. Pompeu Jr., Geraldo. II. Título. III. Série.

01-3845 CDD-510.7

Índices para catálogo sistemático:
1. Educação matemática e transversalidade 510.7
2. Matemática : Ensino 510.7

ISBN 85-16-02913-1

EDITORA MODERNA LTDA., 2001
Rua Padre Adelino, 758 — Belenzinho
São Paulo — SP — Brasil — CEP 03303-904
Vendas e Atendimento: Tel. (0_ _11) 6090-1500
Fax (0_ _11) 6090-1501
www.moderna.com.br
2001

Impresso no Brasil

1 3 5 7 9 10 8 6 4 2

Sumário

PREFÁCIO

*Ubiratan D'Ambrosio**

ALEXANDRINA e Geraldo me proporcionaram grande alegria ao me convidarem para prefaciar seu livro. Ser convidado para escrever o prefácio de um livro é uma honra, que se torna também um prazer quando o livro é rico em reflexões provocadoras e em informação atualizada. Mas a honra e o prazer se tornam maiores quando os autores são ex-alunos e amigos queridos.

A Educação Matemática, no Brasil e em todo o mundo, passa por um período de vitalidade. Novos métodos, propostas de novos conteúdos e uma ampla discussão dos seus objetivos fazem da Educação Matemática uma das áreas mais férteis nas reflexões sobre o futuro da sociedade.

Haverá possibilidade de um futuro em que todos se beneficiarão dos progressos científicos e tecnológicos, com justiça social, plena dignidade e respeito por raízes culturais e tradições?

---

* **Ubiratan D'Ambrosio**, Professor emérito de Matemática da Universidade Estadual de Campinas (Unicamp). Foi diretor do Instituto de Matemática, Estatística e Ciência da Computação da Unicamp (1972-80), Chefe da Unidade de Melhoramento de Sistemas Educativos da Organização de Estados Americanos, Washington, DC (1980-82), Pró-reitor de Desenvolvimento Universitário da Unicamp (1982-1990) e coordenador dos Institutos de Pesquisa da Secretaria de Saúde do Estado de São Paulo (1988-92) e membro do Conselho da Pugwash Conferences on Science and World Affairs (ONG que recebeu o Prêmio Nobel da Paz em 1995).

Atualmente orienta e leciona em várias universidades do país e do exterior. É também presidente do Instituto de Estudos do Futuro (IEF) de São Paulo; presidente da Sociedade Brasileira de História da Matemática; membro do Conselho do NACE-ATC/USP (Núcleo de Apoio à Cultura e Extensão – Arte, Tecnologia e Comunicação da Universidade de São Paulo); membro do Conselho Científico do Museu de Astronomia e Ciências Afins (MAST) do Ministério de Ciência e Tecnologia; membro do Conselho Diretor do Institute for Information Technology in Education (IITE), da Unesco, sediado em Moscou; membro do Conselho Consultivo da Fundação Faculdade de Medicina.

Dentre as inúmeras obras de sua autoria publicadas, as mais recentes são *Educação para uma Sociedade em Transição*, Campinas, Papirus Editorial, 1999 e *Etomatemática: elo entre as Tradições e a Modernidade*, Belo Horizonte, Editora Autêntica, 2001.

Acreditar nessa possibilidade, que pode parecer uma utopia, é o ato de amor que deve nortear a educação.

A adoção de uma nova postura educacional é, na verdade, a busca de um novo paradigma de educação que substitua o já desgastado ensino-aprendizagem, baseado numa relação obsoleta de causa-efeito. Procura-se uma educação que estimule o desenvolvimento de criatividade desinibida, conduzindo a novas formas de relações interculturais. Essas relações caracterizam a educação de massa e proporcionam o espaço adequado para preservar a diversidade e eliminar a desigualdade discriminatória, dando origem a uma nova organização da sociedade.

A incorporação de Temas Transversais nas propostas curriculares reflete a intensa preocupação de ir além dos conteúdos tradicionais. Esses temas focalizam justamente as questões maiores que sintetizam os empecilhos a uma sociedade mais justa e a uma harmonização da civilização moderna com a natureza. O desafio é a busca de um fazer matemático integrado a essa preocupação, e que colabore para preservar a diversidade e eliminar a desigualdade discriminatória.

A Etnomatemática tem essa característica. A abordagem a distintas formas de conhecer é a essência do Programa Etnomatemática. Na verdade, diferentemente do que sugere o nome, Etnomatemática não é apenas o estudo de "matemáticas das diversas etnias". A disciplina denominada Matemática é uma Etnomatemática que se universalizou, sobretudo devido ao predomínio da ciência e tecnologia modernas desenvolvidas a partir do século XVII na Europa. Essa universalização se insere no processo de globalização que estamos testemunhando em todas as atividades e áreas de conhecimento.

No processo inicial da expansão, as ciências e as tecnologias foram se modificando, absorvendo elementos das culturas subordinadas. Particularmente notáveis são as variações das línguas da própria fé cristã. Esperar-se-ia que, igualmente, as formas de explicar, conhecer, lidar, conviver com a realidade sociocultural e natural, que são as razões de ser da Matemática, da Ciência e da

Tecnologia, também passassem por esse processo de "aclimatação", resultado da dinâmica cultural. No entanto, isso não se deu, e a Matemática e, conseqüentemente, as ciências e a tecnologia adquiriram um caráter de absoluto universal. Não admitem variações ou qualquer tipo de relativismo. Isso se incorporou até no dito popular "tão certo quanto dois mais dois são quatro". Não se contesta o fato, mas sim a sua contextualização na forma de uma construção simbólica que é ancorada em todo um passado cultural.

A Matemática tem sido conceituada como a ciência dos números e das formas, das relações e das medidas, das inferências, e suas características apontam para precisão, rigor, exatidão. Com seu caráter de infalibilidade, de rigor, de precisão e de ser um instrumento essencial e poderoso no mundo moderno, a Matemática passou a ser identificada com racionalidade, o que tem sido, muitas vezes, utilizado como instrumento de seleção e de dominação.

O mesmo se dá com outras formas culturais. Particularmente interessantes são os estudos sobre a linguagem. E são muito conhecidas as situações ligadas ao comportamento, à medicina, à arte e à religião. Todas essas manifestações são referidas como cultura popular. Naturalmente, embora seja viva e praticada, a cultura popular é muitas vezes ignorada, menosprezada, rejeitada, reprimida e, certamente, diminuída. Isto tem como efeito desencorajar e mesmo eliminar o povo como produtor e como entidade cultural. Não se pode negar que há um importante componente político nessas reflexões.

Isso não é menos verdade com a Matemática. Em particular na Geometria e na Aritmética notam-se violentas contradições. Por exemplo, a geometria do povo, dos balões e dos papagaios é colorida, enquanto a geometria teórica, desde sua origem grega, eliminou a cor. E a quantificação da produção e do consumo retirou as considerações sobre a natureza do trabalho e do produto. Essas são algumas das inúmeras questões abordadas pelos autores ao longo das suas trajetórias acadêmicas.

O livro é uma contribuição atualizada sobre a teorização da Etnomatemática. Mas também trata de um fato essencial em educação, que é transformar a fundamentação teórica numa prática pedagógica. Como dizem os próprios autores: "São as questões mais amplas e fundamentais do cotidiano de uma comunidade que devem e precisam fazer parte da escola, pois são elas que dão significado tanto ao aprendizado quanto ao papel da escola na comunidade a que pertence".

Como levar isso à prática? Em concordância com os autores, vejo a Etnomatemática mais como uma postura a ser adotada do que como um método. A Modelagem Matemática é que vai permitir levar à prática essa postura.

A mente humana opera sobre representações do real, que são o resultado de um misto de observações, de intuições, de experiências prévias e de memória, individual e coletiva. Essas representações são o campo sobre o qual utilizamos as teorias e técnicas de que dispomos. Fazemos Modelagem Matemática ao utilizar teorias e técnicas que nos são dadas pela Matemática — ou por qualquer Etnomatemática disponível. Quão forte e eficaz é o modelo e, conseqüentemente, quão relevantes ou precisas são as informações obtidas, vai depender dos instrumentos utilizados.

Aprendizagem por excelência é a capacidade de explicar, de apreender, de compreender e de enfrentar, criticamente, situações novas. Aprender não é o mero domínio de técnicas, habilidades e nem a memorização de algumas explicações e teorias. Portanto, a Modelagem Matemática é a realização, no ensino, da proposta pedagógica da Etnomatemática.

Com grande maestria e muito estilo, Alexandrina e Geraldo mostram-nos como essa realização se dá. Eles oferecem belos exemplos, tirados dos muitos anos em que vêm ministrando cursos nessa área. São sugestões que professores podem adotar em sala de aula, inovando sua prática docente.

Este livro, além de ser uma importante contribuição teórica sobre duas áreas emergentes na Educação Matemática, é rico em instigantes reflexões sobre as novas tendências da Educação em geral.

São Paulo, agosto de 2001.

Introdução

A gente sabe que precisa mudar. Os alunos já não querem mais estudar matemática do jeito que a gente quer, mas às vezes parece que não tem jeito.

M. R. T.

O desejo que sustenta a ilusão é forte demais para se deixar enganar pela realidade.

Michèlle Bertrand

ANTES de iniciar nossa caminhada, gostaríamos de refletir com você, leitor, sobre as frases acima. A primeira delas nos remete a uma situação infelizmente comum, na qual professores — envolvidos e engolidos pelas dificuldades e pelos aspectos burocráticos do trabalho que fazem —, mesmo percebendo que sua prática precisa se modificar, não conseguem vislumbrar nenhum caminho para tal. Imobilizados por uma impotência "virtual", perdem a capacidade de sonhar, de perceber que é possível mudar e que a mudança, por menor que seja, é fundamental para a reestruturação de todo processo educacional.

A ação educativa inicia-se, assim, pelo "desejo que sustenta a ilusão", ou seja, pela possibilidade de sonhar e de acreditar em nós, em nossos alunos, em novas estruturas, numa escola, num outro modelo social.

É evidente que não nos referimos a modelos perfeitos, a uma utopia. É necessário acreditar em nossa capacidade de crescer e de criar o novo dentro do complexo jogo da vida, em que o certo e o errado, o possível e o impossível, o bem e o mal coexistam.

Talvez seja esse um dos mistérios da vida; talvez só possamos pensar em paz porque conhecemos a dor da guerra, da violência.

Do mesmo modo, nós, professores, somente estaremos prontos para mudar quando percebermos que o que ensinamos não é satisfatório, que estamos sem saída e que aquilo que nos permite ver, apesar da escuridão, é o desejo de encontrar um rumo. A educação é um campo repleto de sonhos, de desejos e caminhos; é lugar de possibilidades e, por isso, intrigante e desafiadora.

A história da educação tem nos mostrado que as teorias e as políticas educacionais são sempre reflexos de necessidades sociais mais abrangentes; portanto, são propostas que pretendem ao longo de algum tempo responder aos anseios sociais. Nesse sentido, refletem tentativas de superação de paradigmas presentes na cultura de um povo em dado momento histórico. É dentro dessa perspectiva que devemos olhar para as recentes mudanças e propostas educacionais que ocorreram em nosso País, denominadas Parâmetros Curriculares Nacionais (PCN).

A nova proposta educacional instituída a partir dos PCN, apesar de ainda ser imposta, ou seja, apesar de mais uma vez excluir o professor do processo de elaboração, parece indicar alguns avanços, principalmente no que diz respeito aos currículos escolares, que poderão ser organizados e discutidos pela equipe pedagógica das escolas.

Essa proposta de mudança se faz num momento em que a credibilidade do trabalho escolar tem sido muito questionada. Alguns argumentam que a educação escolar não propicia a formação do educando para o trabalho. Nesse caso, cabe perguntar se a função da escola seria formar mão-de-obra para o trabalho. Outros argumentam de forma oposta a essa: a escola está perdendo qualidade porque se volta cada vez mais para questões aplicadas no cotidiano e assim se limita a ficar no senso comum.

A questão fundamental é que cabe à escola uma dupla função na sua tarefa de capacitar para a vida; por isso, ela deve ser dotada de competência técnica, ética e cívica, para poder formar cidadãos críticos, que tenham condições de interagir no meio em que vivem.

Primeiramente, importa garantir que todos tenham acesso à educação escolar. O texto introdutório dos Parâmetros Curriculares do Ensino Fundamental faz referências aos altos índices de repetência e de evasão nas décadas de 1970 e 1980 e mostram que, em 1990, 19% da população do País possuía o Ensino Fundamental completo; 13%, o Ensino Médio; e 8%, o Ensino Superior. Na tentativa de superar essa situação, bem como de buscar caminhos que possibilitem à escola uma formação técnica e humana, acreditamos que esta deva enfatizar em sua proposta pedagógica os valores e desejos do ser humano que participa desse processo e que, ao adquirir conhecimentos sobre uma técnica, a veja como algo mais amplo do que uma simples habilidade.

A proposta dos PCN vem assumindo, pelo menos no discurso, o compromisso de buscar processos educacionais que não se limitem à decifração do código escrito, mas principalmente que estejam comprometidos com o que é lido ou escrito e que dêem ênfase à formação do cidadão e à qualidade no processo educacional. Nessa direção, o currículo deve ser refletido e analisado a partir de um conceito que estabeleça estreita relação entre os compromissos pedagógicos e sociais da escola, e os objetivos do trabalho pedagógico devem abranger valores éticos e sociais, que tenham o aspecto "técnico" como conseqüência de um trabalho que favoreça a formação integral do ser humano. O problema, entretanto, é, por um lado, garantir condições estruturais, administrativas e burocráticas para que esse "discurso" possa se concretizar no cotidiano escolar. E, por outro, conforme salienta

D'Ambrósio (1996), adotar uma nova postura, buscar um novo paradigma que substitua o já desgastado ensino-aprendizagem baseado numa relação obsoleta de causa-efeito.

Mudança de paradigma, no entanto, é um processo complexo; é necessário querer mudar e acreditar que isso é possível. Mais do que constatar que precisamos mudar, é necessário ter a convicção de que sempre há um novo jeito de ensinar, que sempre é possível mudar.

A proposta de matemática contida nos PCN resultou de uma negociação que envolveu pareceres de educadores de universidades públicas (estaduais e federais) e particulares, bem como de entidades como a Sociedade Brasileira de Educação Matemática (SBEM), o Instituto de Matemática Pura e Aplicada (IMPA) e a Associação Brasileira de Autores de Livros Escolares (ABRALE). Assim, podemos dizer que

> [...] os PCNs traduziram as aspirações de grande maioria de educadores matemáticos brasileiros sobre questões de ensino-aprendizagem dessa área e, sobretudo, constituíram um importante referencial para a formação de docentes. A relevância dos documentos estaria assegurada, no mínimo, pela possibilidade de enriquecimento e ampliação do atual debate sobre o ensino de matemática (Pietropaolo, p. 13, 1999).

Porém essa negociação, fundamental para o processo, não evita conflitos decorrentes de diferentes representações e posições dos educadores no que se refere ao processo pedagógico, ou seja, é necessário discutir e refletir sobre a proposta de forma ampla e abrangente.

A fim de atender a diferentes caminhos, o texto de matemática indica uma diversidade de princípios metodológicos. Segundo Pietropaolo (1999),

> [...] muitos pareceristas, apesar de defenderem a flexibilidade dos currículos quanto às metodologias, para atender às diversidades, não o fazem quando se trata de selecionar e organizar conteúdos [...] o pólo de hegemonia reside muito mais no processo de seleção, organização e nos métodos de se ensinar e aprender matemática do que nos próprios conteúdos (p. 14).

Assim, a implantação da proposta dos PCN, do nosso ponto de vista, depende primeiramente da vontade política do Estado, que deverá proporcionar condições de trabalho aos docentes, que lhes permitam analisar, refletir e discutir as diferentes situações envolvidas no contexto escolar, possibilitando ao professor identificar que conteúdos são relevantes e como devem ser trabalhados e avaliados. Isso exige do professor uma compreensão mais abrangente de seu papel, bem como do conteúdo com que trabalha. Os professores atuais têm pela frente um grande desafio: educados num processo fragmentado, terão de superar os limites que essa formação lhes impõe e extrapolar as fronteiras de conteúdos vistos de forma parcial e a-histórica.

No contexto da educação matemática, a superação da concepção fragmentada dessa ciência vem sendo destacada por pesquisas, em especial num campo denominado **Etnomatemática**. Essa proposta, mais conhecida entre pesquisadores da área de educação matemática, está presente nos PCN como um dos possíveis caminhos para o ensino de matemática.

Cabe ressaltar que em geral a Etnomatemática vem sendo compreendida apenas como uma proposta que relaciona o conhecimento matemático com o cotidiano, numa abordagem culturalista de educação. Mas essa proposta tem aspectos mais profundos e relevantes a tratar, que se colocam como fios condutores de nossa reflexão e conseqüentemente deste trabalho, como, por exemplo: O que significa relacionar o conhecimento matemático ao cotidiano? O que entendemos por cotidiano? Quais as concepções de ciência, verdade e educação que fundamentam esta proposta? Qual a relação entre a Etnomatemática e a proposta de transversalidade? E, ainda, a Etnomatemática é ou poderá vir a ser uma proposta viável no nosso sistema educacional?

Por ser este texto dirigido a professores, acreditamos importante dividir com eles e com os demais leitores as reflexões em torno da proposta. Queremos contribuir para esclarecê-la relacionando a Etnomatemática com o conceito de transversalidade, a fim de indicar novas possibilidades pedagógicas.

Esperamos com isso "despertar o desejo que sustenta a ilusão" e levar um pouco de esperança àqueles professores que acreditam "não ter jeito".

Em nosso percurso refletiremos sobre alguns aspectos como a transversalidade, o ensino de matemática, a ciência contemporânea, a cultura e, finalmente, numa segunda parte do livro, mostraremos exemplos de trabalhos nessa direção.

Considerações sobre o Conceito de Transversalidade

A proposta indicada nos PCN é a de transversalidade. Porém, como surge o conceito de transversal? Segundo Gazaida (1999):

> A construção do conceito de transversalidade efetuou-se em pouco tempo, com contribuições diversas, que foram acrescentando-lhe novos significados, os quais foram rapidamente assumidos, enriquecendo a representação que temos hoje. O significado de transversal passou da representação de certos conteúdos que devem ser considerados nas diversas disciplinas escolares — a higiene, a luz, a habitação, etc. — à representação de conjunto de valores, atitudes e comportamentos mais importantes que precisam ser ensinados (p. 52).

O início dessa construção se deu na reforma do sistema educacional espanhol. A partir daí, a idéia foi evoluindo e atravessando fronteiras até chegar ao Brasil.

Existem várias maneiras de entender a transversalidade, segundo Araújo (1997). Numa primeira concepção, temas vinculados ao cotidiano social "atravessam" os conteúdos curriculares tradicionais, que formam o eixo longitudinal do sistema educacional; numa segunda concepção, esses temas podem ser trabalhados pontualmente na forma de projetos e, numa terceira, busca-se uma relação interdisciplinar dos conteúdos tradicionais com os temas. Contudo, Araújo ressalta que

> o que essas três formas de conceber o trabalho transversal na Educação (que a princípio não são excludentes, mas são muito distintas) têm em comum é que todas elas mantêm a concepção de manutenção das disciplinas curriculares tradicionais como eixo longitudinal, ou vertebrador, do sistema educacional, cabendo aos temas transversais girar em torno desse eixo ou impregná-lo (Araújo, 1997, p. 14).

O "trabalho transversal" proposto pelos PCN, no nosso entender, assume essa concepção de transversalidade, isto é, mantém as disciplinas tradicionais como eixo vertebral do sistema educacional, e os temas devem então se articular às disciplinas.

Entretanto, existe uma quarta concepção sugerida pela educadora Montserrat Moreno. Esse novo caminho propõe um giro de 90 graus nas relações entre disciplinas e temas transversais, ou seja, para essa educadora, o eixo vertebral do processo educacional devem ser as temáticas sociais, enquanto as disciplinas tradicionais é que devem perpassar essas questões mais abrangentes transversalmente. O diagrama a seguir mostra com clareza a proposta de Montserrat Moreno:

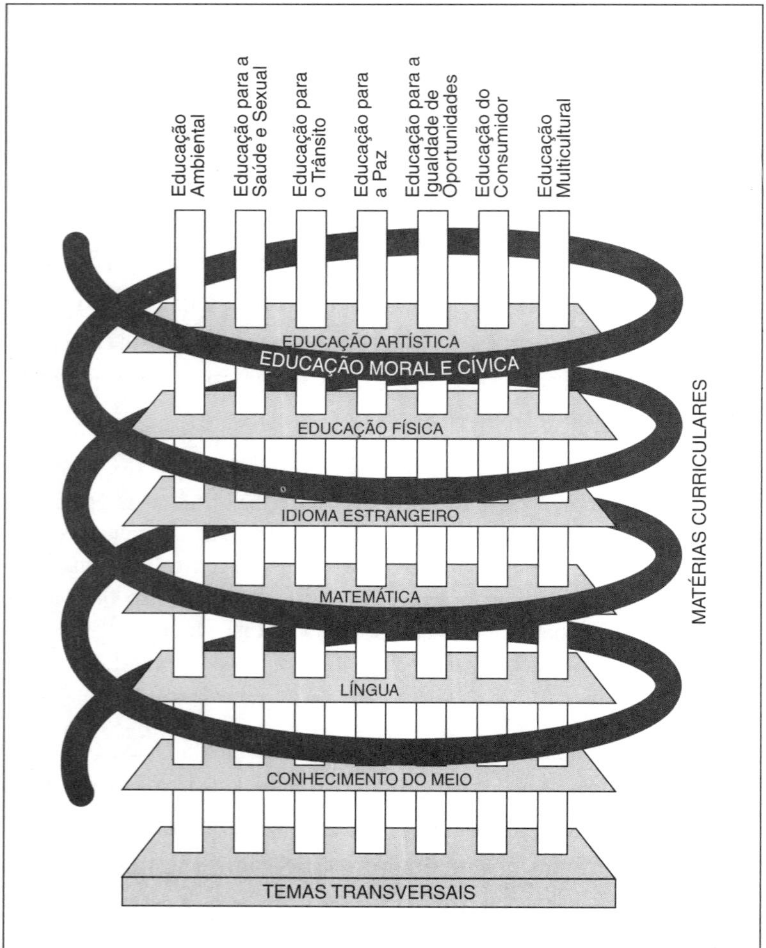

Esquema ilustrativo da integração dos temas transversais e das matérias curriculares. A teia resultante de ambos os eixos é o suporte que torna possível a construção de um Projeto Curricular e uma programação de conteúdos coerentes e significativos. A *Educação Moral e Cívica* é o tema transversal nuclear, inserido em todas as disciplinas e que impregna todos os demais temas transversais. Nesse esquema estão incluídos os temas transversais previstos na reforma espanhola.

Busquets, M. D. *et al. Temas transversais em educação*, São Paulo, Ática, 1997.

Ao ressaltar os aspectos sociais, essa nova perspectiva cria um ambiente pedagógico rico de possibilidades e prioriza como objetivo do ensino a construção de conceitos que capacitem os estudantes a compreender e a interferir criticamente na sociedade. Os conteúdos passam a ser ferramentas para uma função muito mais ampla que o mero saber técnico, que é a compreensão crítica de nosso estar-no-mundo, é a construção de nossa cidadania. Assim, nessa perspectiva,

> as matérias curriculares são instrumentos através dos quais pretende-se desenvolver a capacidade de pensar e de compreender e manejar adequadamente o mundo que nos rodeia [...] Sem um contexto para situá-los, para grande parte dos estudantes, os conteúdos curriculares transformam-se em algo absolutamente carente de interesse ou totalmente incompreensível (Moreno, 1997, p. 38).

Esse caminho remete a uma compreensão complexa e globalizada da realidade. Hoje, esse aspecto é muito discutido e há muita polêmica sobre a globalização, mas um fato é certo: vivemos um momento em que a fragmentação do saber limita o entendimento da realidade.

Desse modo, entendemos que o grande desafio da proposta da transversalidade é superar o conflito de uma proposta baseada num paradigma complexo, global, enquanto a organização escolar persiste em manter um sistema curricular analítico, cartesiano.

É buscando caminhos para superar esse conflito que pretendemos neste livro refletir sobre o ensino de matemática. Ressaltamos que adotaremos, aqui, a concepção de transversalidade na perspectiva colocada por Moreno (1997), pois acreditamos que esta está de acordo com nossa forma de compreender o processo de ensino-aprendizagem da matemática na perspectiva da Etnomatemática.

1

Algumas Reflexões sobre o Ensino da Matemática

Nosso objetivo neste capítulo é o de refletir sobre o ensino da matemática a partir do que compreendemos por educação e matemática com a finalidade de fundamentar a proposta da Etnomatemática que adotaremos. Convidamos o leitor a nos acompanhar nessa reflexão, buscando dialogar conosco, colocando-se diante de nossos pensamentos de forma interrogativa, isto é, questionando e atuando em interação com o texto.

De início, percebemos que educação é algo que ocorre na escola, na família, na igreja, ou seja, a educação tem suas possibilidades quando pessoas estão "com" outras de forma direta ou indireta — sendo indireta, por exemplo, a relação por meio de livros, textos, cartas etc.

Esse "com" significa estar junto, identificando-se umas pessoas com as outras. Esse "relacionar-se" é uma característica existencial do ser, que se manifesta na sua maneira de se dirigir aos outros.

Assim, a educação mostra-se como algo muito familiar e constitutivo do relacionar-se. Mas com quem e com o que o homem se relaciona?

O homem se relaciona com o mundo à sua volta, entendido este como mundo-vida, isto é, o mundo em que as pessoas estão dentro, o qual nos educa por meio de influências que chegam a nós por intermédio das nossas relações com ele.

Sendo assim, o mundo-vida educa por aquilo que é, ou seja, pela sua própria existência. Nessa perspectiva, qual o papel dos pais, dos professores? O que visam essas pessoas?

No cotidiano, vemos que elas se preocupam (ou pelo menos deveriam preocupar-se) com quem querem educar; elas procuram "cuidar", "zelar", buscando sempre o melhor para os que pretendem educar. Mas como fazem isso? Fazem isso ao tentar limitar ou conduzir as influências do mundo que chegam ao outro, ou seja, escolhem quais influências do mundo-vida o outro deve receber.

Então, os pais, os professores, o Estado — enfim, todos os que querem educar — têm a intenção de educar para o bem, têm a preocupação de escolher o melhor para quem pretendem educar.

Mas o que é o bem? O que é o melhor?

Essas perguntas não têm respostas objetivas e definitivas, isto é, cada corrente filosófica propõe uma interpretação diferente para o que é o bem. Desse modo, escolher o bem e o melhor para o outro é algo muito difícil e angustiante. É nesse momento — o momento da escolha — que a educação se torna complexa.

Pensemos em nossa prática pedagógica. Tomemos como exemplo um de nossos cursos atuais: será que fizemos a melhor escolha para nossos alunos? Quais as conseqüências das escolhas que fizemos para nossos alunos? Temos consciência disso?

Num primeiro momento, a escolha coloca a educação numa relação de poder, pois um escolhe para o outro, isto é, o outro passa a receber as influências escolhidas. Porém, essa relação é dialética, pois o outro não aceita essas escolhas passivamente, mas, sim, interfere e também participa na determinação dos critérios dessas escolhas.

Essas escolhas não são, assim, feitas apenas por uma pessoa ou instituição; elas são conseqüência de relações sociais e de poder bastante complexas. Longe de defendermos o determinismo, a verdade é que o mundo, entendido como algo que educa por suas influências, já define parte delas. Por exemplo: ao nascer, o mundo do indivíduo é posto por sua situação social, pelo país em que nasceu, e a grande aventura de sua vida é transformar-se e ir transformando esse "mundo" em sua relação com ele.

Podemos perceber a intenção de uma família ao educar por meio de seus princípios éticos, morais e outros; do Estado, por meio de suas leis e do cumprimento delas e ainda pelo respeito e dignidade com que suas instituições educacionais e de saúde são por ele atendidas. (Bicudo, 1986).

Etmologicamente, o termo "educar" procede do latim *educere (ex-ducere)*. Segundo Critelli (1981):

> *Ducere* (verbo) significa "conduzir", "levar". *Ex* é adjunto de lugar e quer dizer "donde" e indica o lugar do qual alguém se afasta; para fora de [...]. *Educere* significaria, então, conduzir alguém (ou algo) para fora do lugar[1] onde se encontrava; levar para fora; conduzir ou levar alguém no seu sair fora do lugar onde estava (p. 3).

Dessa forma, podemos perceber que cada instituição tem a função de permitir que o outro cresça na sua existência. *Educar* não se limita a proporcionar informações ao outro, mas sim proporcionar situações em que o uso de informações, sentimentos e valores possibilite ao educando e ao educador transformar-se e transformar seu *lugar* no mundo.

1. [...] lugar ou espaço, antes mesmo da sua delimitação físico-geográfica, tem primordialmente significação ontológica e quer dizer do lugar ou espaço existencial de alguém, da sua condição de existência (Critelli, 1981, p. 49).

Nessa perspectiva, é-nos impossível pensar em conhecimento dissociado de valores, descontextualizado. Se a educação ocorre fundamentalmente numa relação "com" o outro, com o mundo, nem o outro nem o mundo podem ser vistos de forma fragmentada. É necessário compreender o indivíduo em seu contexto social, cultural e como alguém que, impregnado desse mundo social e cultural, expressa-se em sua totalidade física, emocional, intelectual e cultural. Assim,

> o amplo ensinar visa à compreensão, à sabedoria de vida. O ensino é um amplo movimento de vida entre educador e educando, ou, se quisermos usar termos mais especializados, entre o mestre e o discípulo (Moraes, 1986, p. 5).

Desse modo, a escola, que hoje busca educar por meio de diversos tipos de conhecimento, tem a responsabilidade de fazer escolhas que não se limitem a informações de ordem científica, isto é, os projetos pedagógicos devem ser construídos por uma equipe que contemple profissionais da educação, alunos e a comunidade de maneira geral. A escola precisa embeber-se da cultura e dos valores de seus alunos, professores e comunidade. É necessário estabelecer uma relação mais consistente e construtiva entre essas partes.

A não-participação popular nas decisões em educação nos parece um dentre os muitos fatores responsáveis pela decadência do ensino, uma vez que as escolhas feitas para o outro, que não participa do processo, tendem a ser sem significado.

As escolhas em educação passam a ser significativas na medida em que são analisadas dentro do contexto sociocultural daqueles que se pretende educar, pois os objetivos e, conseqüentemente, as escolhas tendem a variar de acordo com a cultura, a realidade social, as necessidades, as aspirações pessoais etc.

Os PCN mostram ter essa aspiração, uma vez que se colocam como parâmetros gerais e possibilitam a cada escola organizar sua própria proposta pedagógica. Infelizmente, e contraditoriamente a esse processo, as avaliações, provões etc. têm limitado um pouco essa pseudodemocracia no ensino. Cabe aqui ressaltar que a prova do Enem[2] tem mostrado avanços nesse processo de avaliação.

Assim, podemos perceber que fazer escolhas de conteúdo não é suficiente para organizar nossa ação educacional; mais do que isso, é fundamental para o professor conhecer "quem" , "por que" e "como" queremos educar, ou seja, o fazer do professor deve estar comprometido com o desejo de promover um processo de "humanização", aqui compreendido como um processo que permita ao outro perceber-se de maneira significativa em um mundo possível de ser transformado por meio de sua ação.

A ação pedagógica começa a explicitar-se em termos de atos a serem executados, dos quais um consiste em conhecer o meio em que a escola está inserida, e de ser sensível às aspirações e à maneira de ver o mundo de seus alunos. Outro aspecto tão relevante quanto esse é a necessidade de compreender o conteúdo que está sendo ensinado, bem como seus fundamentos e especificidades.

Assim, um projeto educativo que proponha transformar a situação vigente deve priorizar o resgate de nossa capacidade de espanto e indignação diante dos problemas do mundo. Esses projetos devem ter um caráter histórico: por um lado buscando ser uma proposta de memória e denúncia; por outro, como uma proposta de comunicação e cumplicidade (Santos, 1996).

2. Exame Nacional de Ensino Médio realizado em 1999, em que se buscou formular questões mais abrangentes e não-fragmentados em conteúdos disciplinares.

Compreendemos essa argumentação de Santos como uma intenção de construir o futuro e reconstruiu o passado em função das questões do presente, do cotidiano, procurando, pelo diálogo, estabelecer novas relações que permitam vislumbrar mudanças.

Além disso, um projeto educativo que se contraponha ao projeto atual, imposto pela modernidade, requer sobretudo a reformulação de valores éticos; em especial, uma valorização do *ser* em detrimento do *ter*. Significa colocar o homem e não o capital como valor central das relações sociais. Para isso, o homem não pode mais ser entendido de forma secionada, em que o racional, o emocional e o espiritual atuem (como se fosse possível) de forma independente.

Mas de nada adianta essa compreensão mais abrangente de educação se não houver a cumplicidade desse processo com nossa forma de compreender o conteúdo.

A concepção, consciente ou não, que o professor tem do conteúdo que ensina é um dos elementos fundamentais para direcionar sua prática pedagógica. Assim, outra questão se coloca: O que é isto, o conhecimento? Como compreendemos o conhecimento matemático e seu ensino?

Considerações sobre o Conhecimento

Compreender o que é o conhecimento não é tarefa fácil e portanto não temos nenhuma pretensão de fazê-lo neste livro. Entretanto, não é possível prosseguir sem fazer algumas considerações sobre esse tema.

Inicialmente, é necessário observar como ele ocorre, isto é, "como conhecemos algo?". Essa questão nos faz perceber que existem dois elementos se relacionando no fenômeno conhecimento. São eles: *quem* conhece e *o que* é conhecido.

A relação entre esses dois elementos é ao mesmo tempo uma correlação: o sujeito só é sujeito para um objeto e o objeto só é objeto para um sujeito (Hessen, 1980).

Então, o que são esses elementos, quem é o ser que conhece e o que é isto que é conhecido?

Quem conhece é o ser humano, que se preocupa e está envolvido no mundo e nos objetos desse mundo. Segundo Aranha (1988):

> O sujeito tende para o objeto e dele se "apossa" pelo pensamento, assim como o objeto "determina" o pensamento do sujeito [...]. Se o pensamento que o sujeito tem do objeto concorda com o objeto, dá-se o conhecimento (p. 165 e 166).

A questão, então, é saber não apenas se há concordância, mas também se essa concordância é verdadeira, ou seja, "como devemos fazer para ter certeza de que algo é verdadeiro?" Ou, melhor, que "critério usar para saber se o conhecimento é verdadeiro?".

Na literatura, muito se tem discutido sobre os critérios de verdade, em especial da verdade científica. Sem entrar no mérito dessa discussão, por ser algo complexo e que foge ao objetivo deste livro, destacaremos apenas que, para nós, é impossível aceitar uma concepção de verdade única e definitiva.

Compreendemos também ser necessário reconhecer que aquele que conhece não é só um "cérebro", mas sim o sujeito constitutivo de corpo e alma, e que o fenômeno a ser conhecido não tem uma única forma, mas diferentes interpretações advindas de diferentes contextos culturais. De acordo com Atlan, in: Pessis-Pasternak (1993), "Há uma grande diferença entre afirmar que existe uma realidade e conhecê-la [...] A realidade é algo a interpretar, ela é feita daquilo que se pode chamar interpretandos" (p. 66).

Nesse mesmo sentido, Morin (1990) argumenta que o objetivo do conhecimento não é descobrir a verdade universal, e sim dialogar com o incompreensível, com os "mistérios do mundo". Essa perspectiva modifica o critério de legitimação do saber, isto é, a ciência não é legitimada apenas por seus critérios internos (lógico-matemáticos), mas também por sua aceitabilidade social e cultural. A ciência é vista assim como modos de explicar de forma lógica (não necessariamente lógico-matemática) as regularidades que se observam, como nos ilustra Ferreira (1993a):

> Quando um índio diz que um peixe não está onde o vemos, porque nossos olhos estão errados, é tão verdadeiro quanto a Lei de Snell da refração. Dizer que a unidade é dois é também verdadeiro matematicamente, como é nossa concepção de unidade ser um, vinda dos gregos. As concepções das fases da lua ou do eclipse na mitologia dos índios também são verdades científicas tanto quanto nossas explicações astronômicas (p. 3).

Atlan, mais uma vez respondendo às questões de Pessis-Pasternak (1993), argumenta que a representação racional da realidade, que permite explicar o raio como uma cólera de Júpiter, não é menos "racional" do que atribuí-lo a uma descarga de eletricidade. Entretanto, esse autor esclarece que

> a eficácia destas duas representações é completamente diferente. A primeira pode ser mais eficaz do ponto de vista de uma organização social e ética, ou que pretenda fundar-se na relação homem-natureza e natureza humanizada, que é justamente o objeto do mito (p. 69).

Atlan completa que não se trata de acreditar nos dois modelos ao mesmo tempo, mas sim de integrar as representações em seus próprios contextos para avaliar seu interesse operatório, isto é, a representação racional que permite explicar o raio tem seu valor no contexto local e, portanto, não é menos racional que atribuí-lo à descarga da eletricidade.

Prigogine, também em entrevista a Pessis-Pasternak (1993), afirma que essa concepção "pluralista" da ciência, em que o respeito às interrogações e as respostas de diferentes culturas parecem conviver, pode talvez estar inaugurando uma nova era do saber.

Nesse contexto, como compreender o conhecimento matemático?

Acreditamos que compreender o objeto do conhecimento matemático significa inicialmente ter consciência de que ele (objeto) tem algum tipo de existência e que essa existência é algo que depende de aspectos históricos e sociais. Para esclarecer melhor essa nossa afirmação, vamos caminhar um pouco pela matemática, numa perspectiva histórica.

A Existência do Objeto Matemático

Na matemática, a existência de seus "objetos" está relacionada com a época, o contexto e as exigências do homem. Por exemplo, $\sqrt{2}$ ficou muito tempo sem existência, até que passou a existir no campo dos reais.

Assim, para nos aproximarmos de tais questões, precisamos observar como a matemática se apresenta. No cotidiano, a matemática é vista como algo integrado à nossa própria vida a todo momento, como, por exemplo, quando pagamos algo, ou plantamos batatas, ou fazemos uma roupa, enfim, nas mais variadas situações.

No livro *Conceitos fundamentais da matemática*, o autor Caraça, ao levantar o problema da contagem, afirma:

> "... se o homem vivesse isolado, sem vida de relação com outros homens, a necessidade de contagem diminuiria, mas não desapareceria de todo; a sucessão dos dias, a determinação aproximada das quantidades de alimentos com que se sustentaria e aos seus pôr-lhe-iam problemas que exigiriam contagem mais ou menos rudimentares" (1984, p. 3).

Sendo a contagem um dos aspectos da matemática, percebemos que ela é indispensável e integrada à nossa vida.

Historicamente, a relação da matemática com o cotidiano pode ser exemplificada por inúmeros acontecimentos. Heródoto acreditava que a geometria se originara no Egito da necessidade prática de fazer medições da terra após cada inundação anual no vale do rio Nilo.

Mas esse saber empírico da matemática, que encontramos em épocas mais remotas — não apenas com os egípcios mas também com os sumérios, assírios e fenícios —, como sabemos, carecia de um saber com rigor lógico, e tal rigor se inicia a partir dos gregos.

Com o desenvolvimento da ciência grega, a matemática passou a ser revestida de outra forma, isto é, passou a ter um caráter dedutivo.

Podemos tomar como exemplo disso o movimento ocorrido com o teorema de Pitágoras, que já era utilizado pelos egípcios e babilônicos; quando ele se tornou conhecido pelos gregos, passou a ser demonstrado como teorema e utilizado com todas as suas generalidades.

Porém não foi apenas a partir de experiências práticas que se desenvolveu o conhecimento matemático. As geometrias não-euclidianas, por exemplo, que surgiram da negação do quinto postulado de Euclides[3], são um caso em que a realidade concreta e significativa era a própria teoria, ou seja, os enunciados de Euclides.

Apesar de um caráter mais teórico, as geometrias não-euclidianas têm se encontrado com a prática a partir de diversas aplicações, especialmente na física e na astronomia.

Analisando esses diferentes aspectos da matemática, ora como algo meramente prático, ora como algo sagrado, ora como raciocínio lógico etc., Souza (1980) destaca quatro concepções metodológicas da matemática, que se desenvolveram ao longo dos séculos. São as concepções *empírica*, *dedutiva*, *racional* e *simbólica*.

A *concepção empírica* surgiu nos primórdios das civilizações e tinha a característica de uma ciência voltada para o mundo real, isto é, para resolver os problemas mais imediatos — por exemplo, a geometria desenvolvida à margem do rio Nilo, como já citamos.

É importante perceber que esse caráter empirista da matemática está presente em culturas indígenas e em grupos de pessoas sem escolarização, isto é, em grupos que por alguma razão não tiveram ou não concluíram o ensino formal. Cabe destacar ainda que muitos, apesar de terem passado pela escola, usam fora dela estratégias bem diferentes das trabalhadas em aula. Portanto, é uma característica que não pode ser desprezada quando pensamos no ensino da matemática.

---

3. O quinto postulado de Euclides é o que diz: dados uma reta e um ponto, por esse ponto passa apenas uma reta paralela à reta dada. Por muito tempo ele tentou provar esse postulado, o que não foi possível; mais tarde, concluiu-se que essa afirmação é verdadeira para o plano; se a superfície não for plana, é possível traçar mais de uma paralela. Tal afirmação faz parte das geometrias não-euclidianas.

Já a *concepção dedutiva* surgiu a partir do século VI a.C. Notava-se uma forte distinção entre o prático e o teórico. As tarefas manuais eram confiadas aos escravos, enquanto os homens livres, e livres inclusive dessas tarefas, dispunham-se a meditar. Dessa forma, a ciência naquela época passa a ter como base o estudo das idéias e das formas. O teórico passa a preceder o prático. Tales, por exemplo, estudava astronomia e depois a aplicava às atividades mercantis.

Para muitos historiadores, a Grécia é tida como o berço da ciência. Cabe citar aqui um pequeno trecho do livro *A ciência em ação*, de Claude Chrétien, em que ele faz referência a outro autor, Michel Serres, para destacar a ciência na Grécia:

> um belo apólogo de Michel Serres coloca-nos diante do essencial [...] Os cronistas antigos relatam a viagem de Tales ao Egito. Ei-lo, uma pequena silhueta derrisória, acampado em frente à massa esmagadora da pirâmide de Quéops. O sol está forte e talvez esquente as cabeças como prostra os corpos, e até mesmo aquele colosso de pedra abatido em sua sombra que se espalha sobre a areia. De repente surge a idéia louca, a idéia temerária e genial: como medir a altura e o volume do túmulo? Nenhum agrimensor seria inconsistente a ponto de arriscar a vida na escalada. Portanto, é preciso usar de estratagemas, já que a desproporção dos recursos humanos e da imensidão natural não deixa outra escolha. Encostado no muro, Tales decide então atacar indiretamente o monstro mineral. Ele planta verticalmente na areia um simples bastão e mede sua sombra projetada no solo. Passa em seguida à pirâmide e mede a altura do triângulo sombrio que ela desenha na areia. O jogo está feito; ele só tem que relacionar as duas medidas e está vencido o desafio. Davi triunfa novamente sobre Golias, preso desta vez na armadilha de sua sombra! (p. 53).

Segundo Chrétien, a história do teorema de Tales indica vários pontos do modelo científico da modernidade. Percebemos nela uma prevenção quanto ao imediatismo e uma justificativa abstrata e inteligível, ou seja, o teorema diz que a lei é a mesma para todos os corpos, que a aparência não importa. O que vale para a bengala, vale para a pirâmide. Passou-se assim a buscar verdades absolutas que valessem em quaisquer circunstâncias. Assim:

> Apesar das idéias fecundas e das contribuições perduráveis, a ciência grega, por um lado, permaneceu ilhada na teoria, desdenhosa das validações experimentais e, portanto, das aplicações práticas. E, por outro, ela venerou os números e as idealidades matemáticas que não conseguiu aplicá-las (implicá-las) no mundo material. O testemunho simbólico disso seria o divórcio de Platão e Aristóteles: o segundo construiu uma ciência enciclopédica, sistemática, rica em observações mas puramente qualitativa, enquanto o primeiro se apaixonou pela matemática, mas fazendo dela um meio de purificação para a alma que se desvia do mundo sensível. A Grécia não operou a síntese entre matemática e experiência (Chrétien, 1994, p. 55).

A síntese de matemática e experiência inicia-se no século XVII. Esse período é indicado por Souza (1980) como o período de concepção racional.

Surgida no século XVII, *a concepção racional* apresentou um avanço no que se refere aos procedimentos científicos. Naquela época, houve grandes melhorias nos procedimentos empíricos, que passam a ser acrescidos dos conhecimentos dedutivos de suas conquistas.

Grande destaque então teve Galileu, que combinava a observação e a indução com a dedução matemática, controlando-as pela experiência. Com isso a natureza deixou de ser descrita para ser explicada. Galileu marcou também o retorno às propostas de Platão, em que a matemática se colocaria no mundo das idéias, sendo portanto perfeita, e a realidade seria uma representação dessas idéias.

Nessa época, simultaneamente, Bacon (1561-1626) descrevia seu método científico privilegiando a indução, método que se torna universal com Hume (1711-1776). Já o empirismo acreditava que o homem tem capacidade de adquirir conhecimento por meio dos sentidos, isto é, que a aquisição do conhecimento se dá com base nas impressões sensíveis que se transformam em conteúdos mentais. Essa mudança em se compreender a relação da ciência com a realidade consolidou-se com duas grandes figuras do projeto da modernidade: Descartes e Newton.

A *concepção simbólica* surgiu no final do século XIX. Com o aparecimento da lógica formal, a concepção simbólica se fortaleceu no início do século XX, quando matemáticos, estimulados pela axiomatização da geometria euclidiana e pelo surgimento das geometrias não-euclidianas, passaram a buscar uma fundamentação do edifício matemático.

Surgem então três tendências distintas que tentam fundamentar o conhecimento matemático: o *logicismo*, o *formalismo* e o *intuicionismo*.

O *logicismo* pretende reduzir a matemática à lógica. Para atingir esse objetivo, os logicistas deveriam mostrar que:

a) todas as proposições matemáticas podem ser expressas na terminologia da lógica;
b) todas as proposições matemáticas verdadeiras são expressões de verdades lógicas.

O maior partidário dessa concepção foi Bertrand Russell, para quem era impossível traçar uma linha divisória entre a matemática e a lógica, sendo elas uma só disciplina.

O *formalismo* teve suas raízes em Kant, e seu expoente foi Hilbert, que assim o caracterizou:

a) a matemática compreende descrições de objetos e construções concretas, extralógicas;

b) essas construções e esses objetos devem ser enlaçados em teorias formais, de que a lógica é o instrumento fundamental;

c) o trabalho matemático deve consistir no estabelecimento de teorias formais consistentes, cada vez mais abrangentes até que se alcance a formalização completa da matemática.

Nilson José Machado (1987) apresenta o seguinte fluxograma da teoria formal:

teoria formal

termos primitivos

⇓

regras de formação

⇓

fórmulas bem formadas

⇓

axiomas ou postulados

⇓

regras de inferência

⇓

teorema

Tal concepção abstrata passou a ser supervalorizada com o desenvolvimento das geometrias não-euclidianas, que não tinham suporte no mundo empírico ou, pelo menos, como diz Machado (1987):

> um mundo, ainda que platônico, conduziu os matemáticos à supervalorização da concepção abstrata, não-interpretada, dos sistemas formais. Isso influenciou poderosamente a própria concepção de verdade em Matemática, bem como a questão de sua relação com a realidade empírica externa ou com o seu mundo autônomo, de necessidades próprias (p. 34).

O *intuicionismo*, por sua vez, partia do princípio de que o conhecimento matemático é construído por entidades abstratas, a partir da intuição do matemático, e que tal construção prescinde de uma redução da linguagem seqüencial que é a lógica ou de uma formalização rigorosa em um sistema dedutivo. Segundo Machado (1987), os intuicionistas admitiam a utilidade dos sistemas formais, mas os consideravam produtos acessórios resultantes de uma atividade autônoma construtiva. Eles atribuíam à linguagem matemática uma função essencialmente pedagógica.

Poderíamos discutir inúmeros aspectos dessas diferentes concepções da matemática (empírica, dedutiva, racional e simbólica). Mas o que pretendemos destacar aqui é que essas concepções se distinguem fundamentalmente por apresentar diferentes pontos de vista quanto à relação da matemática com a realidade.

Na concepção empírica, a matemática se apresentava como uma forma de resolver questões de ordem prática, sem nenhuma preocupação de sistematização. Ela se restringia a um simples fazer no mundo real.

Na concepção dedutiva, a matemática passa a ser considerada algo fora da realidade. Concedia-se nessa época maior importância à beleza da forma. A matemática torna-se algo perfeito, pertencente ao mundo das idéias de Platão, e seu modelo era dedutivo.

Na concepção racional, parece surgir uma representação da matemática como algo fora do real, mas que podia ser aplicada para explicar e justificar fenômenos observados.

Na concepção simbólica percebemos o logicismo, que compreendia a matemática como uma construção do pensamento lógico, em que o fundamental novamente era a forma, o raciocínio dedutivo e a linguagem lógica. O formalismo via a matemática também como algo fora da realidade e seu objetivo era o próprio sistema formal, que se utilizava também das leis lógicas independentes das suas interpretações. O intuicionismo, por sua vez, via a matemática como uma construção do pensamento do matemático, entretanto, ressalta Machado (1987): "o intuicionismo nunca esclareceu como se mesclavam as concepções *a priori* sobre espaço e tempo e as construções dos matemáticos" (p. 41).

Assim, em algumas concepções, a matemática se apresentava *a priori* à realidade empírica; em outras, constituída a partir de abstrações que emergiam dessa realidade, ou seja, em todas as concepções percebemos uma dicotomia de sujeito e objeto. O conhecimento matemático ora era enfatizado no sujeito que cria, ora no objeto do conhecimento.

Essas diferentes formas de compreender a matemática nos levam a diferentes formas de ver seu ensino. Parece-nos que a questão fundamental se situa na relação entre a matemática e a realidade.

Para muitos matemáticos, a matemática tem sido vista como uma forma de leitura da realidade da qual ela faz parte, constituindo-se em teoria e prática. Para esse grupo não há dicotomia de teoria e prática, mas sim uma relação dialética, uma interação desses componentes.

A matemática é vista como algo presente na realidade, que se manifesta na ação do homem sobre essa realidade. A ação pode ser refletida por meio de um processo de análise e sistematização do conhecimento nela envolvido, visando dessa forma ampliar a compreensão da realidade de si mesmo.

Visto desse ângulo, o ensino da matemática deve basear-se em propostas que valorizem o contexto sociocultural do educando, partindo de sua realidade, de indagações sobre ela, para a partir daí definir o conteúdo a ser trabalhado, bem como o procedimento que deverá considerar a matemática como uma das formas de leitura do mundo.

Essa perspectiva do ensino da matemática vem se refletindo em outras áreas da ciência. A ciência moderna, na qual se consolidou a matemática, vem sendo debatida, e novas formas de compreender a ciência estão emergindo. Esse novo modelo é conhecido como *ciência contemporânea*. Para compreender melhor o ensino da matemática num contexto mais amplo, faz-se necessário ressaltar alguns aspectos dessa nova ciência e suas implicações na educação.

Ciência Contemporânea: suas Possibilidades na Educação

Segundo Prigogine & Stengers (1997), a teoria da evolução biológica das espécies proposta por Charles Darwin fez com que os cientistas abandonassem a idéia do mundo como máquina perfeita construída por Deus e passassem a fixar-se na idéia de evolução. O universo então é visto em permanente estado de mudança.

Além disso, a segunda lei da termodinâmica, relacionada com a dissipação da energia sob a forma de calor, introduziu na física a idéia de irreversibilidade. Tais mudanças exigiram uma reconsideração de alguns problemas filosóficos que pareciam resolvidos com a ciência clássica, como, por exemplo, a idéia de universalidade.

A teoria da relatividade proposta por Einstein traz novos fatos e gera novas interpretações. Tendo como um de seus pressupostos a idéia de velocidade-limite, no caso, a velocidade da luz no vácuo (c = 300.000 km/s), a teoria da relatividade põe fim à idéia de universo harmônico e à idéia de universalidade proposta pela teoria newtoniana.

A teoria newtoniana era determinista e fechada, pois sua objetividade advinha de uma exclusão de qualquer referência ao observador; além disso, buscava leis gerais, que se aplicassem da mesma maneira a qualquer escala de seus objetos, fosse ela o movimento dos átomos ou o dos planetas. Era uma teoria universal.

A teoria da relatividade modifica essa concepção e, principalmente, considera o observador situado no mundo, influenciando o objeto observado. A física passa então a ter uma nova concepção de objetividade; entretanto, ela não se desvincula totalmente da física clássica, pois ainda acreditava ser possível, pela matemática, deduzir a totalidade dos pontos de vista acerca do mundo e dos fenômenos da natureza.

É a mecânica quântica que vai realmente abandonar toda a referência do conhecimento divino e universal, propondo uma análise probabilística da realidade.

Essas mudanças levaram estudiosos como Prigogine & Stengers, Morin e Atlan, entre outros, a propor um ajustamento de nossas atitudes culturais às realizações científicas, ou seja: "... é urgente que a ciência se reconheça como parte integrante da cultura no seio da qual se desenvolve" (Prigogine & Stengers,1997, p. 11).

Essa aliança de ciência e cultura deve ocorrer não somente com relação às preocupações culturais e sociais de cada grupo em seu tempo, mas também na concepção e interpretação das teorias.

Nessa metamorfose, a ciência abandona a busca da fórmula do universo, deixa de ver o cientista como um mago e passa a ser compreendida em sua dimensão social, emergente de uma relação em que o saber é contextualizado política e culturalmente.

Um projeto educativo não pode mais ter a pretensão de ser único e preocupado com questões meramente científicas. No projeto atual, a concepção de sujeito advém da filosofia cartesiana, em que o corpo é governado por leis físicas, e a mente é livre, imortal, possibilitando uma compreensão fragmentada de homem. Com o advento da ciência contemporânea, e em especial com o desenvolvimento da física quântica e das leis da termodinâmica, exige-se uma nova forma de compreender o mundo, sob uma percepção holística e global. Esta enfatiza o todo em detrimento das partes; e a universalidade, a verdade única e absoluta advinda do modelo newtoniano, cede espaço para a incerteza, a complexidade, a aleatoriedade. Conforme afirma Prigogine citado por Pessis-Pasternak (1993, p. 37): "... a investigação atual orienta-se no sentido da incorporação de elementos aleatórios cada vez mais numerosos".

Assim, é-nos impossível aceitar uma verdade única e definitiva, bem como um indivíduo dicotomizado; o homem é visto não apenas como um ser racional, mas como emocional, intuitivo, espiritual.

Sintetizando, podemos dizer que, na perspectiva contemporânea:

a) a ciência pode ser descrita como uma tentativa do homem de se comunicar com a natureza;

b) essa comunicação considera o homem em sua totalidade;

c) os processos da natureza figuram-se aleatórios e complexos, exigindo uma percepção com múltiplos enfoques do real;

d) é reconhecida a importância das questões culturais tanto na concepção como na interpretação das teorias.

Dessa forma, não existe mais uma hierarquização das ciências, ou seja, elas não podem mais ser entendidas em blocos de forma disciplinar, mas sim como eventos inter-relacionados.

Esse retorno do homem à natureza, bem como o respeito às diferenças advindas dos contextos culturais, acena para uma reorganização do saber e para uma direção na qual o individual cede lugar ao coletivo e atitudes de respeito e solidariedade são extremamente significativas.

Entretanto, não podemos advogar ingenuamente em prol das concepções advindas da ciência contemporânea como se ela fosse desprovida da ambivalência positiva/negativa, isto é, acreditamos que a ciência é paradoxal, conforme afirma Morin (1990, p. 13):

> ... há que acabar com a alternativa estúpida entre ciência "boa", que só traz benefícios, e uma ciência "má", que só traz prejuízos. Pelo contrário, há que, desde a partida, dispor de um pensamento capaz de conceber e de compreender a ambivalência, isto é, a complexidade intrínseca que se encontra no cerne da ciência.

Da mesma forma, essa concepção de respeito ao diferente, tão frisada pelos defensores dessa nova concepção, não deve ser entendida como simples aceitação do outro, isto é, é necessário reconhecer o processo de assimetria existente entre as diferenças; assimetria esta estabelecida por relações de poder, que se firmam a partir das relações sociais, conforme mostra Knijnik (1995) em sua pesquisa, ao considerar que o saber legitimado (acadêmico) e o não-legitimado (popular) se relacionam de forma complexa, estabelecendo entre eles uma relação de poder do legitimado sobre o não-legitimado. Diante disso, Knijnik sublinha que o ensino da matemática deve, entre outros fatores, considerar o conhecimento produzido no cotidiano e no universo acadêmico, fornecendo comparações entre eles, a fim de que se analisem as relações de poder contidas no uso desses dois saberes.

Diante do exposto, pretendemos mostrar que as posturas educacionais emergentes dessa nova concepção de ciência, especialmente no que se refere à educação matemática, reclama por novas propostas educacionais, que, para nós, estão em consonância com a Etnomatemática, com a concepção de transversalidade que anunciamos no início do livro.

2

Por um Entendimento de Etnomatemática

O DEBATE atual a respeito das relações entre a matemática e o mundo real vivido enraíza-se em um processo dialógico e crítico da década de 1970, quando se iniciou uma série de discussões que abordaram a matemática e a sociedade.

Segundo D'Ambrósio (1990), nos Congressos Internacionais de Educação Matemática realizados na década de 1960 predominaram nas discussões as questões internas à própria matemática, enquanto na década de 1970 passou-se a notar nos temas e debates uma atitude marcadamente externalista. Nesse segundo período, vários pesquisadores, sensibilizados com necessidade de se relacionar a matemática ao contexto social e cultural, desenvolveram seus trabalhos nessa direção.

Mas o ponto marcante dessa mudança é indicado por D'Ambrósio como sendo o V Congresso Internacional de Educação Matemática realizado em Adelaide, na Austrália, em 1984. O termo *Etnomatemática* foi então usado formalmente pela primeira vez. Segundo D'Ambrósio:

> Questões sobre "Matemática e Sociedade", "Matemática para todos" e mesmo a crescente ênfase na História da Matemática e de sua pedagogia, as discussões de metas da educação matemática subordinadas às metas gerais da educação e sobretudo o aparecimento da nova área de Etnomatemática, com forte presença de antropólogos e sociólogos, são evidências da mudança qualitativa que se nota nas tendências da educação matemática (p. 12).

Depois desse congresso, muitos trabalhos passaram a ser realizados e muitos pesquisadores passaram a assumir seus trabalhos como sendo na linha da Etnomatemática.

Essa variedade de trabalhos que se agregaram à linha da Etnomatemática dificulta uma definição precisa para esse termo, havendo uma complexidade de entendimento sobre ele. Segundo Knijnik (1998), essa complexidade pode ser organizada em duas grandes matrizes: a dos trabalhos que se ocupam centralmente com etnografias, objetivando fazer um levantamento e uma análise da matemática utilizada por diferentes grupos; e a dos trabalhos em que a etnografia é apenas uma das dimensões da pesquisa, que contemplam, como objetivo, uma intervenção pedagógica. A primeira vertente está associada aos trabalhos de Ascher, e a segunda, aos pensamentos de D'Ambrósio e Gerdes que, apesar de terem diferenças, mantêm muitos pontos de convergência, ou seja:

> ... O trabalho de Ascher tem como eixo a descrição e decodificação (do ponto de vista da matemática acadêmica) das práticas e conhecimentos matemáticos dos povos por ela estudados [...] Gerdes e D'Ambrósio têm, na raiz de suas teorizações, a preocupação com o fracasso escolar, com os processos de exclusão produzidos pela escola via ensino da matemática, apontando para a relevância de serem estabelecidas estreitas relações entre a História da ciência e a Educação (p. 83).

Acreditamos que a não-possibilidade de se definir Etnomatemática existe pelo fato de que esta ainda não se consolidou em uma teoria. Ferreira (1991), ao discutir a busca de uma teoria da Etnomatemática distingue três visões da Etnomatemática, a saber: ela pode ser vista como uma parte da antropologia, ou como uma pesquisa de história da matemática, ou ainda como uma abordagem educacional. Essas três visões colocam a Etnomatemática como uma proposta aberta e "flutuante" que ora está mais voltada para os aspectos antropológicos, ora para os aspectos históricos, ora para os aspectos pedagógicos. Por exemplo: alguns trabalhos têm como objetivo reconstruir a trajetória de sistematização e de significados do saber matemático de um determinado grupo étnico ou social e assim se orientam numa perspectiva mais antropológica; do mesmo modo, existem trabalhos que buscam compreender o desenvolvimento histórico de certo conceito em determinado grupo ou em diversos grupos. Entretanto, cabe ressaltar que, apesar do caráter antropológico ou histórico dessas pesquisas, elas não deixam de abordar e trazer sua contribuição pedagógica. Na perspectiva pedagógica, ocorre o mesmo: tomá-la como eixo central do trabalho não significa excluir o caráter antropológico e o histórico, mas sim dar-lhes menos ênfase.

Então, por um lado a Etnomatemática carece de uma definição, mas de outro, numa perspectiva pedagógica, ela está estabelecida como um movimento que vem sendo aceito e reconhecido pela comunidade e que tem motivado muitas pesquisas. Nesse sentido, alguns autores (Ferreira, Bishop, Gerdes, dentre outros) defendem que ela tem sua garantia como paradigma:

> compartilho também com Alan Bishop — *Mathematical Enculturation* (1988) — da necessidade de uma certa prudência no falar deste conceito, por ainda não ser uma teoria, mas, por outro lado, como "modo de ver", a Etnomatemática tem sua garantia como paradigma (Ferreira, p. 21, 1991).

O termo "paradigma" é usado no sentido kuhniano, ou seja, "filosoficamente o paradigma é um artefato que pode ser utilizado como expediente na solução de enigmas" (ibidem, p. 16), tendo três características básicas: "deve ser, simultaneamente, metafísico como crença, sociológico como movimento aceito e reconhecido pela comunidade e construtivo como manual de direção de pesquisa" (ibidem, p. 17).

Desse modo, por ainda não se constituir em uma teoria, a Etnomatemática carece de uma definição, sendo necessária muita cautela ao se usar esse termo; é importante também expressar em que sentido ele está sendo usado.

Em geral, o termo "Etnomatemática" está relacionado a conhecimentos presentes nas práticas cotidianas de diferentes grupos. Esse conhecimento não é isolado: integra-se ao cotidiano, possuindo um aspecto abrangente. Na maioria das vezes, seu uso está aliado à solução de problemas, que é pensada dentro de um conjunto de valores, crenças e saberes que lhe dão significado, não havendo, assim, na resolução desses problemas, uma preocupação disciplinar, pois

> [...] a vida quotidiana é a vida do homem inteiro; ou seja, o homem participa na vida quotidiana com todos os aspectos de sua individualidade, de sua personalidade. Nela, colocam-se "em funcionamento" todos os seus sentidos, todas as suas capacidades intelectuais, suas habilidades manipulativas, seus sentimentos, paixões, idéias, ideologias (Heller, 1992, p. 18).

As instituições, principalmente o estado e a mídia, tentam controlar a ação da população em geral a partir da administração do saber legitimado. Mas a apropriação e o uso desse saber, ao contrário do que pensam, não é algo direto; os sujeitos recriam esses saberes em seu fazer cotidiano.

Os grupos recriam o conhecimento institucional a partir do uso, e o novo não é propriedade nem das instituições nem do grupo em si, sendo um saber-fazer novo, criado pelos indivíduos e muitas vezes sem que estes tenham consciência dessa "recriação".

Cabe aqui citar Ginzburg (1987). Nesse belo livro Menocchio, protagonista da história, é levado à Inquisição por suas idéias revolucionárias:

> [...] o mais importante é o que ele [Menocchio] próprio concebe e imagina — uma experiência de pensamento que ninguém compartilha na sua aldeia de Montereale, nem os cultos (o conde, o padre), nem os camponeses, nem sequer a sua própria família (p. 236).

Nessa linha de pensamento, D'Ambrósio (1990) compreende a Etnomatemática como:

> [...] um programa que visa explicar os processos de geração, organização e transmissão de conhecimento em diversos sistemas culturais e as forças interativas que agem nos e entre os três processos (p. 7).

Assim, a Etnomatemática, tomada como um programa de pesquisa, apropria-se de uma ciência construída e estabelecida por diferentes grupos, podendo caracterizar-se por um discurso narrativo quase sempre oral ou por práticas manuais como a construção de cestos e também legitimar-se por estabelecer valores e critérios de aplicabilidade constituídos no interior do grupo. O saber acadêmico, por exemplo, é um saber construído e legitimado por um grupo. O que muda na perspectiva da Etnomatemática é que, para ela, os diferentes discursos excluídos e renegados porque não legitimados pelo saber acadêmico devem, também, ser reconhecidos e valorizados. Não se trata de sobrepor um tipo de saber ao outro, mas sim buscar as possibilidades de diálogos entre diferentes formas de interpretar a realidade.

Nessa perspectiva, a exemplo do que pretende Paulo Freire, essa proposta almeja a conscientização e a libertação por meio da criação de espaços que permitam emergir vozes diversas, estimulando o respeito e o diálogo entre os diferentes.

Tal diálogo, no nosso entender, só será possível se os sujeitos estiverem imbuídos de sentimentos de tolerância e solidariedade para conviver com o pluralismo. Isso não significa um conformismo passivo no sentido de que cada um seja total e permanentemente preservado. Inspirada por um espírito crítico, a convivência no plural poderá proporcionar não uma verdade universal, mas a liberdade — a liberdade dos sujeitos para optar, propor e modificar.

À luz dessas considerações, acreditamos que o programa educacional, numa abordagem etnomatemática, repousa numa pedagogia que se opõe à fragmentação do conhecimento. As implicações dessa nova concepção no ensino se refletem em propostas que, no nosso entender, caracterizam-se por:

a) situar o saber histórico-cultural, criando espaços para os diferentes e excluídos na busca de uma formação mais solidária do homem;
b) discutir as diferenças sem deixar de refletir sobre as relações de poder aí envolvidas;
c) compreender o homem em sua totalidade;
d) compreender o saber em toda a sua complexidade.

Com isso, procura-se resgatar a capacidade de reflexão e indignação das pessoas diante do mundo, para que possamos nos libertar das injustiças do presente e construir uma sociedade redimensionada com base na participação social e política dos cidadãos que a constituem.

Mas como concretizar tal proposta no atual sistema educacional? Ferreira (1997) diz ser esse o grande enigma da Etnomatemática numa abordagem pedagógica.

Etnomatemática numa Perspectiva Pedagógica

O processo educativo que perde contato com o meio em que se insere torna-se obsoleto, sem dinâmica e afastado de seu objetivo principal, que é educar e formar cidadãos.

A compreensão do que é Etnomatemática depende, assim, em boa medida, da compreensão do que é cultura e das relações entre a matemática escolar (oficial, presente nos currículos) e a matemática presente na vida cotidiana.

Desse modo, faremos uma breve discussão sobre cultura e currículo e suas relações com a proposta de Etnomatemática.

A Idéia de Cultura

A idéia de cultura é algo complexo. Segundo Hell (1989), o uso desse termo gera neologismos e em certos casos realizam-se associações imprevistas, como a de "funcionário da cultura". Tal fato resulta então na ampliação indefinida de seu campo semântico, que por si só já é muito complexo.

Apesar da diversidade de uso desse termo, vários autores associam tal conceito à capacidade humana de simbolização, isto é:

> Os símbolos acrescentam ao mundo um sentido, uma ordem. Em função de seus desejos, o homem toma a natureza e transforma-a, surgindo, então, a cultura. Através da cultura, os objetos e as ações estão impregnados de sentidos. Pela cultura é que o homem cumpre seu destino de sentido, o seu destino ético (Stort, 1993, p. 22).

Geertz (1989) defende um conceito de cultura essencialmente semiótico e afirma que

> o homem é um animal amarrado a teias de significados que ele mesmo teceu; assumo a cultura como sendo essas teias e a sua análise, portanto, não como uma ciência experimental em busca de leis, mas como uma ciência interpretativa, à procura do significado (p. 15).

Apesar da ênfase na questão da interpretação, compreendemos que as "teias" a que se refere Geertz são as relações que se estabelecem e que, como representações culturais de um grupo, incluem os símbolos e os significados a eles atribuídos.

Assim, neste livro, cultura será entendida como o conjunto dos valores, condutas, crenças, saberes que permitem aos homens orientar e explicar seu modo de sentir e atuar no mundo. É a ancoragem de sua existência, que, segundo Ladrière (1979), tem a função essencial de:

> conferir ao ser humano um lugar onde ele possa realmente habitar, onde possa sentir-se verdadeiramente "em casa". É por isso que uma cultura não é uma espécie de ornamento extrínseco que viria sobrepor-se à existência para dar-lhes alguns atrativos suplementares, em princípio não indispensáveis. Esta é a condição mesma de uma existência verdadeiramente humana, de uma existência sensata, porque é pelo conteúdo de uma cultura que a existência recebe significação, eleva-se acima da ordem dos fatos ou da simples forma de vida (entendida no sentido biológico do termo) para aceder a uma verdadeira tomada de posse de si mesma, para assumir-se num distanciamento que é, ao mesmo tempo, coincidência consigo (p. 115).

A cultura constitui-se, também, num conjunto de símbolos (valores, modos de sentir, normas...) que conferem ao indivíduo e também ao grupo uma identidade, possibilitando distinguir um grupo de outro por meio do padrão de suas ações e das coisas envolvidas nessas ações.

> [...] como sistema generativo, a cultura assegura a autoperpetuação da complexidade social, isto é, sua autoprodução ou auto-organização permanente. Esta determina em especial a reprodução, mais ou menos parcial, do sistema cultural em cada indivíduo (Stort, 1993, p. 25).

Entretanto, um sistema social não é isolado, e as relações entre diferentes grupos, atualmente muito intensas, indicam a necessidade de um conceito de pluralidade cultural. A pluralidade não descaracteriza uma cultura, apenas a caracteriza como uma cultura complexa. Segundo Certeau (1996):

> [...] é atualmente um problema novo encontrar-se diante da hipótese de uma pluralidade de culturas, isto é, de sistemas de referências e de significados heterogêneos entre si. A homogeneização das estruturas econômicas deve corresponder à diversificação das expressões e das instituições culturais. Quanto mais a economia unifica, mais a cultura deve diferenciar (p. 142).

Então, perceber como os grupos se apropriam dos saberes, ou seja, como compreendem e usam as informações que recebem, é tão importante quanto resgatar o que é próprio de sua cultura. O contato e a troca de saberes, de valores, bem como a presença dos meios de comunicação de massa, dificultam a delimitação de um grupo por aspectos culturais que lhe sejam próprios.

As tentativas de resgatar os aspectos próprios de um grupo com seu conjunto de manifestações inserem-se num campo denominado "popular". Mas "popular" parece-nos ser um termo de uso problemático, na medida em que evoca associações com o verdadeiro, o ingênuo, o espontâneo. Certeau (1995), ao fazer uma retrospectiva histórica do termo "popular", associa-o à idéia de ingênuo, espontâneo, e daí a uma visão folclorista de cultura. Segundo esse autor, cultura popular passa por três concepções. Na primeira, ela é vista como pureza, como aquilo que não se deixou envolver com as "referências", geralmente dos centros urbanos; na segunda, ela é intelectualizada e objeto de estudo dos que detêm o poder; na terceira, associa-se a folclore, em que se busca uma proteção do popular. Continuando, Certeau questiona-se:

> Onde colocar, pois, o "autenticamente popular"? Uns verão nele o tesouro oculto de uma tradição oral, fonte "primitiva" e "natural", que deságua na literatura escrita. Outros postulam uma unidade da cultura, mais prolongada no curso de um movimento que faria da literatura de elite uma anunciadora das evoluções globais. Há, portanto, vários sistemas de explicação (p. 66).

Essa ambigüidade do conceito de "cultura popular" levou-nos a buscar algo a nosso ver mais construtivo; por exemplo, o conceito formulado por Bakhtin e citado por Ginzburg (1987): "a influência recíproca entre cultura das classes subalternas e a cultura dominante" (p. 24), isto é, o que alguns autores chamam de "circularidade" da cultura.

A partir dessa linha de pensamento, consideramos que a cultura de um grupo resulta também da interação dos diferentes grupos. Atualmente, essa interação pode ocorrer por contatos diretos, entre as pessoas, e por indiretos, pela mídia. Assim, fica clara a impossibilidade de resgatar esquemas "puros" a partir dos quais se articula o conjunto de valores culturais.

Este foi o exercício feito por Ginzburg (ibidem) ao resgatar o conhecimento de Menocchio, protagonista de sua história:

> O importante não é o que Menocchio leu ou recebeu; é como leu, é o que fez de suas experiências; [...] o que Menocchio compreende mal é, na verdade, o que ele compreende de outro modo (p. 236).

Assim, os saberes presentes no cotidiano de um grupo devem ser compreendidos como os produtos culturais criados por seus integrantes em seu fazer cotidiano. Esses saberes sofrem também transformações causadas pela interação emergente dos contatos do grupo com outros grupos (direto) ou pela mídia (indireto).

Compreendemos desse modo que a cultura fornece ao homem elementos de compreensão de sua existência no mundo e, por outro lado, é construída e reformulada a partir da integração de novos valores, conseqüentes de sua alteração e do intenso contato de diferentes grupos sociais.

Gaiger (1994), ao analisar vários assentamentos e acampamentos rurais na tentativa de "identificação desse grupo social", conclui que sua principal característica é a heterogeneidade cultural:

> As diferenças existem e repercutem sobre as expectativas, as estratégias e as formas de solidariedade tecidas no interior do MST. Seria contudo simplista e extemporâneo ver aí um efeito preponderante ou exclusivo de fatores étnicos [...]. A heterogeneidade cultural exprime-se hoje fundamentalmente em diferenças de racionalização que, embora tenham raízes e afinidades étnicas, devem ser compreendidas à luz de um conjunto complexo de fatores e mediações (p. 191).

Não podemos buscar grupos culturais puros, ou até mesmo advogar em prol de uma cultura no sentido de que ela não seja invadida. O contato entre os povos é inevitável. Sendo historicamente construída, a presença de um grupo social no mundo será modificada, podendo ser superada.

Essa possibilidade de superar-se e ir além de seus condicionamentos históricos é a base do desenvolvimento. Entretanto, colocam-se aí as questões: modificar-se em quê? Modificar-se para quê? E em que direção?

Para que um grupo modifique sua forma de estar no mundo, é preciso que ele se reconheça, é indispensável assumir o que já possui, ou seja, é necessário que um grupo saiba e reconheça os limites de seu conhecimento para ir além e buscar o novo com consciência, sabendo e discutindo a importância e validade desse novo. Somente dessa forma ele saberá escolher quando e qual conhecimento usar.

Entretanto, sem estar envolvido e consciente de seus limites não é possível optar, pois optar é romper algo. Optar é decidir entre este ou aquele rumo. Optar seria um reconhecimento. Optar faz parte do processo de construção histórica da sociedade.

Desse modo, acreditamos que o processo educacional deve estar atento ao reconhecimento e ao respeito do saber presente no cotidiano do grupo, e também deve ter o compromisso de possibilitar acesso a outros conhecimentos, permitindo ao grupo olhar através de outra perspectiva.

Nesse exercício de experienciar o novo e novamente voltar a olhar pela sua perspectiva, examinando-os simultaneamente, a fim de conhecer as semelhanças, as diferenças e estabelecendo relações, o grupo apropria-se do novo, porém, pleno de opções e certamente com possibilidades de criar um outro saber que não pertence nem à sua cultura nem à cultura de quem o influenciou.

Em síntese, compreendemos cultura como o conjunto de relações, valores, condutas, crenças, saberes estabelecidos no interior de um grupo, que proporciona aos seus integrantes uma ancoragem, uma referência existencial. No entanto, as intensas relações hoje estabelecidas entre diferentes grupos impõem a esse conceito um sentido de pluralidade, isto é, as referências e significados tornam-se presentes no interior dos grupos como valores heterogêneos e diversificados. Cada vez mais falamos em grupo multicultural, o qual exige de seus atores a vontade de construir vínculos e relações ao longo de uma convivência pautada no respeito mútuo e na solidariedade.

Podemos nos deslocar para a escola e aí analisar: Que grupo é esse presente no ambiente escolar? Que valores e princípios trazem os professores, alunos e funcionários? Como está ocorrendo a interação de escola e comunidade? De que forma as diferenças são trabalhadas? De que forma podem constituir-se em elementos positivos para o processo educativo?

As diferenças existem e repercutem sobre as expectativas, as estratégias e as formas de solidariedade próprias das relações que se tecem no interior da escola. A heterogeneidade cultural (em especial, dos valores) manifesta-se hoje fundamentalmente em diferenças de entendimento de racionalização dos problemas que, embora tenham raízes e afinidades étnicas e sociais, são compreendidas à luz de um conjunto complexo de fatores e mediações, avesso à compreensão uniforme.

O reconhecimento do aspecto cultural de nossa sociedade e a influência deste no processo educacional são o ponto de partida de propostas na linha da Etnomatemática.

Para nós, um processo educacional significativo inicia-se com a interação de escola e comunidade. É fundamental para os profissionais envolvidos na escola a disposição de conhecer e reconhecer os valores culturais da comunidade em que ela está inserida, assim como conhecer os problemas e as diferentes soluções encontradas pelo grupo.

O Saber Emergente do Cotidiano

Com base nas considerações anteriores sobre cultura, mas efetuando um recorte, nosso interesse agora será discutir os saberes presentes no cotidiano, que serão aqui entendidos como expressões culturais de um grupo.

A vida cotidiana apresenta-se como o "lugar" em que se compartilham conhecimentos, códigos de conduta, crenças, valores; enfim, apresenta-se como uma realidade interpretada e subjetivamente dotada de sentido para os homens e geradora de procedimentos.

Assim sendo, o educador interessado em compreender os saberes presentes na vida cotidiana não deve olhar apenas para a multiplicidade de usos e entendimento dos diferentes tipos de saber, mas também para os processos pelos quais qualquer campo de conhecimento chega a ser socialmente estabelecido como "realidade".

> Em qualquer sociedade, somente um grupo muito limitado de pessoas se empenha em produzir teorias, em ocupar-se de idéias e construir "weltanschauungen", mas todos os homens na sociedade participam, de uma maneira ou de outra, do "conhecimento" por ela possuído. Dito de outra maneira, só muito poucas pessoas preocupam-se com a interpretação teórica do mundo, mas todas vivem em um mundo de algum tipo (Berger & Luckmann, 1973, p. 29).

Não pretendemos aqui dicotomizar o saber "popular" e "acadêmico", mas sim enfatizar que "os homens na sociedade participam, de uma maneira ou de outra, do conhecimento por ela possuído" e é principalmente a partir dos usos, práticas e significados que os sujeitos atribuem a esses conhecimentos que uma sociedade tem possibilidade de existência.

O grande desafio é acionar a trajetória desses conhecimentos e valores, ou seja, é compreender como certos conceitos e valores passaram a estar presentes no grupo, e ainda que usos o grupo faz disso, que obstáculos teve de superar para se apropriar deles.

O saber presente nas práticas cotidianas, como, por exemplo, o saber matemático, compõe no interior de um grupo um saber interpretado e "criado" pelo próprio grupo, apresentando-se de forma muitas vezes diferente daquela presente nos livros escolares. Segundo Ferreira (1997), cada grupo em particular, no interior de sua cultura, "constrói a sua Etnociência no processo de leitura do mundo". Continua esse educador:

> O termo Etnociência propõe a redescoberta da ciência de outras etnias que não a nossa, advinda da cultura ocidental. Etno refere-se ao sistema de conhecimento e cognição típicos de uma dada cultura (p. 11).

O educador chama a atenção para a necessidade de se compreender a ciência como uma expressão cultural, o que significa respeitar as construções da ciência do outro como verdadeiras tanto quanto as nossas.

Entretanto, raramente essas considerações de Ferreira se fazem presentes no contexto escolar. Esse fato contribui para reforçar a relação de poder que impõe ao saber não-institucional uma posição de subordinação, de não-aceitação como verdade.

Essa concepção dominadora da ciência é conseqüência da visão de mundo emergente com a racionalidade ocidental, sobretudo a partir do século XIX, que estimulou a possibilidade da apreensão de "verdades absolutas", privilegiando um único tipo de saber e produzindo um discurso, dito científico, que se apropria do *status* de verdadeiro e legítimo. Assim, ao criar seus próprios critérios de legitimação, a ciência moderna seciona-se em particularidades e configura-se num conjunto de especialidades que, embora ricas em detalhes, não fornecem até hoje uma compreensão da totalidade. Essa forma de ver o mundo produziu uma dicotomia entre ciência e natureza, corpo e mente, que dificulta a percepção da complexidade de nossa existência-no-mundo.

> A natureza e o universo não constituem simplesmente o conjunto dos objetos existentes, como pensava a ciência moderna; constituem, sim, uma teia de relações em constante interação, como os vê a ciência contemporânea. Os seres que interagem deixam de ser apenas objetos. Eles se fazem sujeitos, sempre relacionados e interconectados, formando um complexo sistema de inter-retro-relações. O universo é, pois, o conjunto das relações dos sujeitos (Boff, 1997, p. 74).

À luz dessas considerações, a instituição escola precisa ser revista, sobretudo as relações de poder que se estabelecem pela priorização de um saber dito verdadeiro e que pretensiosamente espera "salvar" o povo da ignorância. Esse saber legitimado instaura o domínio dos que o detêm sobre os que não o dominam, e a impossibilidade de refletir e analisar saberes não-legitimados impõe à escola a função de apenas instruir, impedindo a formação de cidadãos. Porém, felizmente, "o povo comum tem outras escolas, onde aprende a ser sujeito de direitos e a lutar por eles, sem fugir das cidades, das fábricas e das complexas empresas modernas" (Arroyo, *apud* Ferreira, 1993b, p. 16).

A escola oficial precisa aprender com os processos educacionais informais e incluir em seu cotidiano aspectos da educação informal, como: sair do espaço da sala de aula e observar o meio à sua volta; escutar e discutir diferentes possibilidades de solução dos problemas do cotidiano. Igualmente, deve incorporar a idéia de que a legitimação do saber pode ser assegurada por enunciados relacionados com regras definidas *a priori*, como é o caso do saber escolar, mas pode também, numa outra versão, encontrar sua legitimação pela autonomia e vontade de um grupo que o legitima por sua coerência e aplicabilidade. Nessa última versão, o grupo deixa de ser informado sobre o saber verdadeiro para construir suas próprias verdades.

Em síntese, a construção de um projeto pedagógico crítico e, portanto, com ideais de conscientização, libertação e solidariedade deve apoiar-se num processo de ensino-aprendizagem que não se limite à reprodução de competências, que não esteja limitado a informações organizadas isoladamente, mas, sim, que inclua as diferentes explicações possíveis para fenômenos do mundo real. Essas considerações inserem-se no campo de pesquisa da Etnomatemática.

3

O Currículo e a Ação do Professor na Perspectiva da Etnomatemática

NOSSA intenção nesta parte do trabalho é mostrar como entendemos o currículo e o trabalho do professor na perspectiva da Etnomatemática. Para isso, tomaremos como fio condutor diferentes possibilidades de o professor atuar em sala de aula, ressaltando alguns aspectos que equivocadamente têm sido atribuídos à proposta da Etnomatemática. Ademais, destacamos que compreendemos "currículo" na perspectiva indicada por D'Ambrósio (1990), isto é:

> [...] um conceito de currículo em que os seus componentes básicos (objetivos, conteúdos e métodos) aparecem solidários, como coordenadas num ponto do espaço, e não independentemente como componentes isolados. Assim, ao se falar em novos objetivos, naturalmente estão implícitos novos conteúdos e novas metodologias modificadas solidariamente, como na imagem de um ponto no espaço (p. 82).

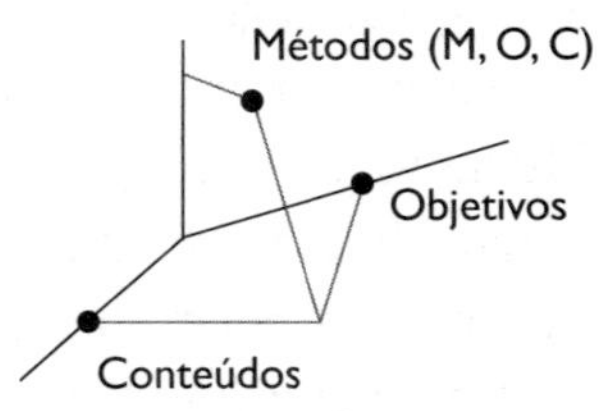

Currículo (M, O, C)

Esse conceito de currículo indicado por D'Ambrósio apóia-se no conceito de ação de Habermas, em que ela é interpretada como resultante da melhor escolha para se atingir um determinado fim. Desse modo, a avaliação (item que não está indicado nesse modelo) passa a ser um componente contínuo e implícito a todo o processo.

Esse enfoque na ação nos remete mais uma vez às questões culturais, isto é, esse modelo possui a flexibilidade necessária para se adequar ao contexto social e cultural, como vimos advogando até o momento.

Podemos associar esse modelo de D'Ambrósio às idéias de transversalidade de Montserrat Moreno, ou seja, Moreno propõe que o objetivo primeiro da educação escolar sejam questões relacionadas ao ambiente cultural e social, os quais são chamados também de temas transversais. Nesse sentido, os conteúdos tornam-se significantes dentro desse contexto e de forma integrada, isto é, não é possível pensar no conteúdo disciplinar fragmentado, mas sim em conteúdos que, integrados ao contexto, permitem-nos compreendê-los e agir sobre eles.

Por fim, destacamos que o método não está desvinculado dos objetivos e conteúdos. Na perspectiva da Etnomatemática, a **Modelagem Matemática**, que veremos mais à frente, é uma das possibilidades metodológicas.

Diante do exposto, cabe agora discutirmos um pouco sobre o trabalho docente. Imaginemos inicialmente um professor nas aulas de matemática. Muitas vezes, os professores preferem restringir suas aulas ao conteúdo do livro didático, pois é mais fácil e ocupa menos tempo de preparo. Além disso, o livro geralmente apresenta a seqüência: teoria, exercícios de fixação e problemas de aplicação. Como todos sabemos, é na terceira parte que os alunos apresentam maiores dificuldades.

Existem professores que também reclamam dos alunos que têm "dificuldade para pensar". Tal fato, muitas vezes, é justificado com afirmações do tipo: "fiz três problemas do mesmo tipo e na prova mudei apenas os valores, ou a situação (troca o supermercado por uma loja) e só por isso os alunos não souberam resolver mais o problema". Para esses professores, os alunos que apresentam essas "dificuldades para pensar matematicamente" são considerados displicentes, desatentos e por isso não conseguem decorar e associar o modelo de resolução com determinado tipo de problema.

As pesquisas apresentadas por Carraher *et al.* (1988) mostram que crianças com baixo rendimento no contexto escolar não apresentam dificuldades para resolver problemas semelhantes no contexto informal e ressaltam que:

> A escola nos ensina como deveríamos multiplicar, subtrair, somar e dividir; esses procedimentos formais que, se seguidos corretamente, funcionam. Entretanto, as crianças e os adolescentes no presente estudo demonstraram utilizar métodos de resolução de problemas que, embora totalmente corretos, não são aproveitados pela escola (p. 38).

No contexto escolar, a matemática comumente se apresenta de uma única forma, a forma acadêmica, e que por tradição segue um modelo curricular linear, em que inverter a ordem dos conteúdos é quase impossível.

Imenes (1991) discute e critica essa visão linear do currículo da matemática que está pautado num modelo platônico, no qual os pré-requisitos são fundamentais para o desenvolvimento de certos conteúdos.

No modelo criticado por Imenes, para aprender números decimais é necessário primeiro aprender frações e para resolver problemas é necessário primeiro aprender a teoria para que se possa resolvê-los. Nessa perspectiva, o professor de matemática deve ensinar o conteúdo, fazer exercícios e passar exercícios para que os alunos repitam o que ele ensinou. Tal prática está de acordo com uma compreensão de que a matemática está pronta e acabada, sendo a forma acadêmica a única possível. Cabe ao professor, que detém esse saber, ensinar aos que não o detêm.

Numa outra direção, oposta a essa, temos um outro tipo de professor, que, usando ou não um livro didático, acredita que os conceitos matemáticos podem se revelar de diferentes formas, dependendo do contexto. Desse modo, os alunos aprendem no cotidiano, na sua relação com o mundo.

Nessa perspectiva, parte-se do princípio de que o conhecimento se dá pela experiência e que os alunos aprendem conceitos matemáticos no cotidiano, bastando ao professor estimulá-los para que eles passem a compreender melhor os conceitos e talvez até a aprimorá-los. Entretanto, tal postura no nosso entender corre o risco de ficar no senso comum, ou seja, os alunos podem simplesmente só trabalhar com o que já sabem.

Na fala de uma assentada[4], quando discutíamos o ensino da escola fundamental onde seu filho estudava, foi proposto, pela equipe pedagógica, trabalhar com horta. Diante dessa proposta ela disse:

> [...] eu acho bom esse negócio de estudar com as coisas do dia-a-dia, mas a horta meu filho já sabe, eu posso ensinar pra ele quando a gente trabalha. Eu quero que meu filho aprenda a mesma coisa dos menino da cidade porque se um dia ele não quisé sê agricultor, ele pode sê outra coisa, um advogado, até um doutô (Da. N., Assentamento Sumaré I).

4. *Assentado* é o nome atribuído aos agricultores que moram em assentamentos rurais.

As palavras dessa mãe são muito sábias. Do nosso ponto de vista, ela tem toda a razão. Nós não podemos em nome de um saber advindo do cotidiano, nos limitarmos a ele. É necessário irmos além, caso contrário não possibilitaremos o salto, e a relação professor-aluno — antes centrada no professor — fica, agora, centrada no aluno, sendo ele quase que o único responsável por seus sucessos e fracassos. O que é pior, tal proposta pode sugerir que as dificuldades apresentadas pelos alunos são advindas de seu meio e que, portanto, pobreza e riqueza podem justificar as diferenças no desempenho escolar, isto é, os ambientes mais "ricos" de informações podem ser mais estimulantes e por isso podem gerar os "melhores estudantes".

Nessa segunda perspectiva, o ensino de matemática parte do princípio que sendo os alunos, por exemplo, de origem rural, eles certamente usam matemática no dia-a-dia, então os alunos podem propor a horta como um assunto a ser trabalhado, o que na visão do professor pode permitir que conhecimentos matemáticos floresçam e passem a fazer parte do ensino escolar. O problema aqui está em não extrapolar o senso comum e não ter a sensibilidade de perceber que o aluno, ao ir à escola, procura também por motivações que vão além de seu cotidiano de trabalho.

Para muitos professores, essa proposta é identificada equivocadamente, no nosso entender, como a proposta da Etnomatemática.

Assim, é fundamental nos referirmos a um terceiro caminho para trabalhar com a matemática. Um caminho que de alguma forma relacione os dois anteriores, ou seja, que não aceite a matemática como pronta e acabada, e que respeite diferentes caminhos propostos pelos alunos na resolução de seus problemas. Um caminho que tenha também um compromisso com sua formação e que perceba que a intervenção do professor no processo de ensino-aprendizagem é fundamental. Em outras palavras, um caminho que mostre que partir do cotidiano não é suficiente, sendo necessário, sim, contextualizar e problematizar as situações. Isso significa necessariamente ir além do senso comum, isto é, ter a horta como tema não significa simplesmente fazer uma horta, mas problematizá-la. O motivo não deve ser apenas o de ensinar matemática, mas sim algo mais, como por exemplo melhorar a qualidade da merenda escolar. Dessa forma, não devemos nos fixar a um tema com o único objetivo de ensinar matemática. É necessário saber o porquê daquele assunto, e que questão mais ampla ele pretende responder.

No nosso exemplo, a horta pode e deve ser usada como um tema, se houver para isso um significado mais amplo do que ensinar conceitos matemáticos. Ressaltamos aqui que propomos a matemática como um instrumento para a interpretação e a compreensão de um tema (fruto de uma necessidade e interesse do grupo) e não o tema como instrumento para se ensinar matemática.

Nesse sentido, na perspectiva da Etnomatemática aqui assumida, a aquisição de conhecimento não acontece pela simples experiência, ou de forma espontânea. Ela é fruto de uma relação dialética em que educador e educando aprendem juntos. Importante, contudo, é enfatizar que cada um desses "atores" tem seu papel neste processo. O professor tem sua função de problematizar, de interferir no processo pedagógico, de estar aberto para aprender, de ser o orientador/o coordenador do processo de construção de conhecimento. Por outro lado, o aluno deve trazer para dentro da sala de aula seus problemas, as diferentes formas como eles são trabalhados no cotidiano, os conhecimentos gerados a partir deles. De qualquer forma, ambos, professor e aluno, devem buscar a superação do conhecimento que possuem a fim de se modificarem e de transformarem a sociedade em que vivem.

Assim, sintetizando, temos que matemática para alguns professores é compreendida como pronta e acabada, e seu ensino se restringe à matemática formal e institucional. Numa outra direção, temos a matemática compreendida como tendo outras formas de se fazer presente e em constante processo de criação. Nessa perspectiva, o importante é o que o aluno traz para a sala de aula. O professor é apenas um orientador das discussões e sintetizador dessas diferentes formas. Numa terceira linha, temos não só a compreensão da matemática presente no cotidiano, mas também o reconhecimento da matemática institucional que, historicamente, foi desenvolvida por parte da humanidade e que, portanto, é de direito de todo cidadão conhecer. Esse direito é ético e político, uma vez que a matemática institucional é a matemática dos que detêm o poder. Nessa terceira perspectiva, o professor é mais que um orientador, ele intervém no processo pedagógico, ele planeja e executa sua "missão" de educar.

É nesse terceiro ponto de vista que compreendemos a Etnomatemática numa perspectiva pedagógica. São as questões mais amplas e fundamentais do cotidiano de uma comunidade que devem e precisam fazer parte da escola, pois são elas que dão significado tanto ao aprendizado do aluno quanto ao papel da escola na comunidade a que pertence. Assim, a matemática faz-se presente e necessária para se compreender o contexto sociocultural e é aí que o ensino da matemática passa a ter significado e importância.

Desse modo, a terceira perspectiva se afina com a proposta de transversalidade da educadora Montserrat Moreno, quando ela diz que não se trata de excluir as disciplinas formais, mas sim de colocá-las como instrumento de compreensão de questões sociais mais amplas. Em suas palavras:

> [...] os temas transversais, que constituem o centro das atuais preocupações sociais, devem ser o eixo em torno do qual deve girar a temática das áreas curriculares, que adquirem assim, tanto para o corpo docente como para os alunos, o valor de instrumentos necessários para a obtenção das finalidades desejadas. [...] as matérias curriculares são instrumentos através dos quais pretende-se desenvolver a capacidade de pensar, compreender e manejar adequadamente o mundo que nos rodeia (Moreno, 1997, p. 37).

Do mesmo modo, o ensino da matemática numa abordagem Etnomatemática permite, no nosso entender, uma compreensão crítica da realidade, ou, mais do que isso, permite ao aluno optar pela forma de resolver suas questões na medida em que não impõe o saber institucionalizado ao saber do senso comum, mas apenas os problematiza e compara, possibilitando a opção consciente de qual caminho se pretende seguir.

A Etnomatemática define-se, assim, mais como uma postura a ser adotada do que um método propriamente dito, isto é, numa perspectiva pedagógica, tal proposta traz à luz alguns princípios básicos de uma proposta educacional voltada para a humanização, para a esperança de um mundo mais fraterno. Tais princípios são: o RESPEITO, a SOLIDARIEDADE e a COOPERAÇÃO.

Nessa perspectiva, Pompeu Jr. (1992) em seu trabalho junto a professores da rede municipal de ensino de Campinas-SP buscou caracterizar os aspectos essenciais a serem observados num possível trabalho na perspectiva da Etnomatemática. Para tanto, analisou e discutiu a Etnomatemática de quatro perspectivas diferentes: a da visão de matemática como conteúdo escolar, o papel do currículo matemático como agente norteador do processo de ensino-aprendizagem, a postura do professor como orientador/coordenador de todo este processo e, finalmente, a expectativa de aproveitamento dos alunos ao trabalharem com essa abordagem.

Com referência à visão da matemática como disciplina escolar, principalmente para os Ensinos Fundamental e Médio, Pompeu Jr. afirma que esta disciplina deve ser:

a) prática, no sentido de ela ser aplicável e útil às soluções dos problemas da sociedade;

b) exploratória e explicativa, no sentido de ela procurar investigar e compreender os problemas sociais, culturais, econômicos e políticos desta sociedade; e finalmente

c) particular, no sentido de que suas verdades estão impregnadas de valores culturais e sociais.

Já o currículo matemático, como agente norteador do processo de ensino-aprendizagem, deve ser:

a) culturalmente/socialmente baseado, no sentido de que suas verdades são relativas, dependentes de fatores culturais e sociais;

b) formativo, no sentido de que ele enfatiza análise, síntese, raciocínio, entendimento, posicionamento crítico e utilidades; e finalmente

c) progressivo, no sentido de que ele promove o crescimento do conhecimento sobre o meio ambiente e o progresso/modificação da sociedade.

Quanto à postura do professor, como orientador/coordenador do processo de ensino-aprendizagem, este deve ensinar matemática como um conteúdo:

a) de debate, no sentido de que o conhecimento matemático é construído pelos alunos e professor;

b) complementar, no sentido de que as aulas de matemática são baseadas no conhecimento que os alunos trazem de fora da escola; e finalmente

c) produtiva, no sentido de que o conhecimento matemático é desenvolvido a partir de situações próprias dos alunos.

Concluindo, da perspectiva do aluno que trabalha nesta abordagem, espera-se que ele seja capaz de:

a) analisar problemas, no sentido de que é o entendimento da estrutura do problema que é importante;

b) usar procedimentos apropriados na resolução de problemas, no sentido de que é a habilidade dos alunos para determinar o procedimento apropriado para a solução do problema que é importante; e finalmente

c) fazer críticas matemáticas sobre problemas, no sentido de que o importante para os alunos é saber por que resolver problemas matematicamente.

Segundo Robitaille & Dirks (1982), tais características, embora não esgotem o perfil de visão de matemática, de currículo, de professor e de educando que se possa traçar a partir da perspectiva da Etnomatemática, certamente orientam a postura de três dos principais agentes do processo de ensino-aprendizagem, isto é, os chamados currículo adotado (guias curriculares/livros didáticos), currículo implementado (postura do professor em sala de aula) e currículo alcançado (aprendizado efetivo do educando).

Finalizando, entendemos que é de fundamental importância que os professores que pretendem caminhar na perspectiva da Etnomatemática adotem uma postura de pesquisador. Em outras palavras, é necessário que eles se voltem para seus alunos e para a comunidade onde a escola está inserida para conhecê-los e identificar os problemas/situações com os/as quais irá trabalhar em sala de aula. Esse trabalho, que chamamos de pesquisa de campo, pode, em parte, ser feito pelos próprios alunos. É necessário resgatar os valores do grupo e conhecê-los para que, posteriormente, possamos compreendê-los.

Esse contato inicial torna-se fundamental, pois às vezes indicamos problemas que seriam nossos, caso fôssemos daquela comunidade; porém, nem sempre a ótica do grupo social/cultural com que trabalhamos coincide com a nossa própria. Isto não significa que o que percebemos não é importante, mas sim que naquele momento a comunidade ainda não atentou para isso, e nossa interpretação poderá despertar outras preocupações. Por exemplo, se chegássemos a um bairro mais distante do centro e deparássemos com esgoto a céu aberto e falta de água tratada, provavelmente isso nos chamaria a atenção. Contudo, a comunidade, naquele momento, pode estar preocupada com os acidentes causados por uma rodovia que atravessa o bairro. Assim, não significa que as questões da água/esgoto não sejam importantes e não devam ser trabalhadas, mas, sim, que podemos começar pelos acidentes para depois chegar às questões da água/esgoto. Tudo vai depender da intervenção que será feita.

O que queremos aqui ressaltar é que os "problemas" ou o olhar sobre o "mundo", sobre o cotidiano não devem ser exclusividade do professor; essas situações devem ser negociadas e definidas pelo grupo (professores e alunos).

Em síntese, do nosso ponto de vista, a Etnomatemática, numa perspectiva pedagógica, reflete-se essencialmente na postura do professor, a qual, de acordo com Moreno, vai exigir um olhar muito além dos horizontes técnicos e disciplinares da matemática e, nessa inversão, a ação docente também se modifica e o professor perde seu papel de "dador" de aula e de conhecedor absoluto para ser um interventor do processo pedagógico, que deve ser problematizado de acordo com o referencial cultural do grupo.

Assim, a aproximação da questão a ser investigada passa por um processo de "amostragem seqüencial" iniciando-se com o olhar mais amplo. Após esta visão do macro, o pesquisador volta-se para analisar, deliberadamente, uma determinada situação, depois volta ao macro buscando conexões entre os dados evidenciados, ou, no dizer de Erickson (1990):

> A fim de determinar a gama ampla de variação nos arranjos sociais organizacionais, nas perspectivas significativas e nas conexões de influência dentro do sistema e entre seus níveis no local de pesquisa e nos ambientes, é necessário começar a observação e as entrevistas da forma mais abrangente possível. Mais tarde, no processo de pesquisa, o pesquisador caminha em estágios sucessivos para o foco observacional mais restrito (p. 5).

Num segundo momento da coleta de dados, apontado por esse autor, o pesquisador pode "procurar lugares mais específicos dentro da pesquisa onde um tipo particular de evento tenha mais probabilidade de acontecer" (p. 7).

Neste momento, Erickson (ibidem) chama a atenção para que o pesquisador varie o foco, principalmente nas releituras de notas de campo, e, mais ainda, que essa releitura deve ser feita logo após a observação, antes da volta ao campo. Em seguida, esse material deve ser organizado procurando-se as evidências, os indicadores e os elos-chave, ou seja:

> ao rever as notas de campo e outras fontes de dados para gerar e testar asserções, o pesquisador está à busca de elos-chave entre os vários itens dos dados. Um elo-chave é a chave no sentido de que possui significância central para as principais asserções que o pesquisador deseja fazer. O elo-chave é um elo no sentido de que liga muitos itens dos dados como instâncias análogas de um mesmo fenômeno (p. 17).

Ou seja, o pesquisador procura padrões de generalizações, isto é, organiza e seleciona o material coletado que, através de análises formais, constituir-se-á em dados, os quais finalmente serão interpretados — fase que chamamos de **etnologia**.

Para concretizar a ação pedagógica na sala de aula considerando essa nova postura, propomos uma estratégia conhecida por **Modelagem Matemática**.

Modelagem Matemática

A Modelagem Matemática é por nós entendida como uma estratégia que pode viabilizar a proposta da Etnomatemática numa abordagem pedagógica.

Bassanezzi (1994) afirma que

> quando se procura refletir sobre uma porção da realidade, na tentativa de explicar, de entender, ou de agir sobre ela, o processo usual é selecionar, no sistema, argumentos ou parâmetros considerados essenciais e formalizá-los através de um sistema artificial: o modelo [...] ou seja, chamaremos simplesmente de Modelo Matemático um conjunto de símbolos e relações matemáticas que representam de alguma forma o objeto estudado.

Este autor ainda esclarece em seu texto que

o processo dinâmico utilizado para a obtenção e teste de Modelos Matemáticos é denominado Modelagem Matemática. Desta forma, modelagem matemática consiste essencialmente na arte de transformar problemas da realidade em problemas matemáticos e resolvê-los, interpretando suas soluções na linguagem do mundo real.

Como podemos observar pelas definições anteriores, a Modelagem Matemática é um processo dinâmico usado para a compreensão de situações advindas do mundo real. Em outras palavras, a Modelagem Matemática pressupõe um ciclo de atuação que parte de uma realidade, cria um Modelo que procura explicar e entender aquela realidade e, com os resultados obtidos, volta-se a ela para validar/reformular o modelo criado. Esquematicamente, a Modelagem Matemática pode ser assim representada:

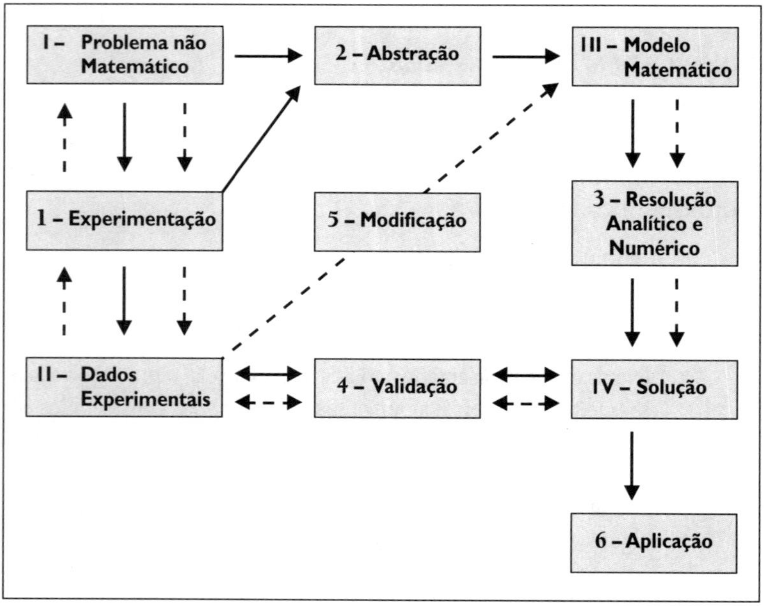

Bassanezi, 1994.

Nesse esquema, as setas contínuas indicam a primeira aproximação, enquanto as setas pontilhadas indicam a busca de um Modelo Matemático que melhor descreva o problema estudado, tornando assim o processo dinâmico.

As atividades intelectuais da Modelagem Matemática especificadas no esquema anterior podem ser compreendidas da seguinte forma:

1. Experimentação — atividade em que se processa a obtenção dos dados experimentais.

2. Abstração — é o procedimento que deve levar à formulação dos Modelos Matemáticos. Nesta fase, procura-se estabelecer: (a) as variáveis com as quais se irá trabalhar; (b) a problematização da situação estudada; (c) a formulação de hipóteses a serem investigadas; (d) a montagem do Modelo Matemático; (e) a simplificação da situação estudada.

3. Resolução — busca da solução do Modelo Matemático. É nesta busca que está a riqueza maior da Modelagem Matemática, pois é por intermédio dela que novos conhecimentos podem ser gerados — o que torna o processo de ensino-aprendizagem da matemática mais atraente e significativo ao educando. Nesta fase do processo, é também o momento em que se dá a sistematização dos conceitos matemáticos ou de outras áreas envolvidas na resolução do Modelo, e que fazem parte do conteúdo programático da série com a qual se está trabalhando.

4. Validação — é o processo de aceitação ou não do Modelo Matemático proposto. Nesta etapa, os Modelos, juntamente com as hipóteses que lhes são atribuídas, devem ser testados em conjunto com os dados obtidos no sistema real (mundo real). O grau de aproximação dos resultados obtidos pelo Modelo e

os dados coletados da realidade será o fator preponderante para a validação.

5. Modificação — os fatos podem provocar a rejeição ou a aceitação dos Modelos. Damos a seguir algumas razões para a rejeição/modificação do Modelo:

   a) Alguma hipótese usada pode ser falsa ou não suficientemente próxima da verdade;
   b) Alguns dados experimentais ou informações podem ser inexatos;
   c) As hipóteses e os dados são verdadeiros, mas insuficientes;
   d) Existem outras variáveis envolvidas na situação real (que não foram consideradas no Modelo obtido);
   e) Algum erro foi cometido no desenvolvimento matemático formal;
   f) um importante princípio novo foi descoberto.

6. Aplicações — é de fundamental importância procurar aplicar o Modelo Matemático obtido a situações correlatas àquela investigada.

É importante ainda analisarmos alguns argumentos a favor e contra a inclusão da Modelagem Matemática ao processo de ensino-aprendizagem. Entre os argumentos favoráveis a essa inclusão, podemos citar:

1. Argumento formativo — enfatiza as aplicações matemáticas, a *performance* da Modelagem Matemática e a resolução de problemas como processos para desenvolver *capacidade* em geral e *atitudes* dos estudantes, tornando-os explorativos, criativos e habilidosos na resolução de problemas.

2. Argumento de competência crítica — focaliza a preparação dos estudantes para a vida real como cidadãos atuantes na sociedade, competentes para ver e formar juízos próprios, reconhecer e entender exemplos representativos de aplicações de conceitos matemáticos.
3. Argumento de utilidade — enfatiza que a instrução matemática pode preparar o estudante para utilizar a matemática como ferramenta para resolver problemas em diferentes situações e áreas.
4. Argumento intrínseco — insiste em que a inclusão de Modelagem, resolução de problemas e aplicações fornece ao estudante um rico arsenal para entender e interpretar a própria matemática em todas as suas facetas.
5. Argumento de aprendizagem — garante que os processos aplicativos facilitam ao estudante compreender melhor os argumentos matemáticos, guardar os conceitos e os resultados e valorizar a própria matemática.
6. Argumento de alternativa epistemológica — a Modelagem também se encaixa no *Programa Etnomatemática*, indicado por D'Ambrósio (1990) "que propõe um enfoque epistemológico alternativo associado a uma historiografia mais ampla. Parte da realidade e chega de maneira natural e através de um enfoque cognitivo, com forte fundamentação cultural, à ação pedagógica", atuando, dessa forma, como uma metodologia alternativa mais adequada às diversas realidades socioculturais.

Apesar de todos estes argumentos favoráveis, muitos colocam obstáculos principalmente no uso da Modelagem como processo de ensino-aprendizagem em cursos regulares, e estes obstáculos podem ser de três tipos:

a) Obstáculos institucionais — os cursos regulares possuem um *programa* (*curriculum*) que deve ser desenvolvido completamente. A Modelagem pode ser um processo muito demorado, não dando tempo para se cumprir o programa todo. Por outro lado, alguns professores têm dúvida se as aplicações e conexões com outras áreas fazem parte do ensino de matemática, uma vez que tais componentes tendem a distorcer a estética, a beleza e a universalidade da matemática. Acreditam, talvez por comodidade, que a matemática deva preservar sua "precisão absoluta e intocável sem qualquer relacionamento com o contexto sociocultural e político" (cf. D'Ambrósio, 1993).

b) Obstáculos estudantis — o uso da Modelagem foge da rotina do ensino tradicional, e os estudantes, não-acostumados ao processo, podem se perder e se tornar apáticos nas aulas. Os alunos estão acostumados a ver o professor como transmissor de conhecimentos, e quando são colocados no centro do processo de ensino-aprendizagem, sendo responsáveis pelos resultados obtidos e pela dinâmica do processo, a aula passa a caminhar em ritmo mais lento, pois muitas vezes eles têm dificuldade em dar continuidade ao trabalho (ver Franchi, 1993).
A formação heterogênea de uma classe pode ser, também, um obstáculo para que alguns alunos relacionem os conhecimentos teóricos adquiridos com a situação prática em estudo. O tema escolhido para Modelagem pode não ser motivador apenas para uma parte dos alunos, provocando desinteresse.

c) Obstáculos para os professores — muitos professores não se sentem capacitados a desenvolver a Modelagem em seus cursos, por falta de conhecimento do processo ou por medo de se encontrarem em situações embaraçosas quanto às aplicações da matemática em áreas que desconhecem. Acreditam que perderão muito tempo para preparar as aulas e também não terão tempo para cumprir todo o programa do curso.

Nossa experiência pessoal no emprego da Modelagem em cursos regulares mostraram efetivamente que as dificuldades citadas podem aparecer. Contudo, precisamos reenfatizar que a Modelagem Matemática é uma estratégia na qual o mais importante não é chegar imediatamente a um modelo bem-sucedido, mas caminhar seguindo etapas em que o conteúdo matemático vai sendo sistematizado e aplicado. O processo de ensino-aprendizagem não mais se dá no sentido único do professor para o aluno, mas como resultado da interação do aluno com seu ambiente natural[5].

Para Anastácio (1990b), a Modelagem Matemática representa uma possibilidade concreta para trabalharmos na escola dentro de uma perspectiva Etnomatemática. Para essa educadora, a Modelagem Matemática, como estratégia de ensino, apresenta duas dimensões básicas: uma delas é a da técnica já descrita anteriormente e a outra é o que ela chamou de "espírito da Modelagem" e refere-se às várias implicações educacionais presentes no trabalho. Para nós, esse "espírito da Modelagem" emerge quando essa estratégia de ensino torna-se parte do processo pedagógico da Etnomatemática, o que pressupõe a valorização do "saber-fazer" do aluno e implica, ainda, ver a matemática como uma estratégia de ação e como um instrumento que o homem possui para lidar com o mundo.

5. Ver dissertações de mestrado de Bienbergut (1990), Bunak (1987), Franchi (1993), Gazzeta (1988), Monteiro (1990).

Para explicar um pouco melhor o processo, propomos a seguir alguns possíveis projetos dentro dessa abordagem, lembrando que as temáticas aqui apresentadas devem estar contextualizadas no ambiente escolar. Os projetos a seguir têm, assim, a intenção de exemplificar, de mostrar possibilidades.

Ademais, ressaltamos que a proposta que aqui defendemos envolve uma mudança de paradigma. Assim, a técnica do processo não é suficiente mas sim a reflexão sobre o que entendemos por matemática, ciência e educação. São essas concepções que efetivamente moldarão nosso trabalho docente, e esperamos que esse livro possa contribuir para a compreensão das concepções em que se apóiam a proposta da Etnomatemática e sua afinidade com a proposta de transversalidade.

4

A Busca da Transversalidade na Sala de Aula

Na PRIMEIRA parte do livro, o objetivo foi apresentar as concepções de transversalidade, Etnomatemática e Modelagem Matemática por nós adotadas neste livro. A seguir, pretendemos exemplificar como essas idéias podem ser viabilizadas em sala de aula.

Para nós, uma das maneiras possíveis de buscar a transversalidade em sala de aula é por meio de projetos. Em outras palavras, o desenvolvimento de projetos seria a forma de alcançar a transversalidade. Para isso, a Etnomatemática e a Modelagem Matemática constituiriam os caminhos viabilizadores de um processo mais significativo e motivador de ensino-aprendizagem da matemática.

O trabalho em sala de aula parte da concepção de que os temas transversais devem ser os "fios condutores" dos trabalhos escolares, ou seja, que os conteúdos tradicionais (português, história, geografia...) devem girar em torno dos temas transversais[6]. Nessa perspectiva, os conteúdos tornam-se importantes instrumentos para a compreensão e a articulação da realidade social.

Ressaltamos que não pretendemos com isso menosprezar ou desqualificar qualquer conteúdo tradicional, mas simplesmente compreendê-lo dentro de um contexto sociocultural que lhe ofereça significado. Desse modo, os temas transversais e os con-

6. Busquets *et al.* (1997, p. 51).

teúdos escolares devem estar vinculados à realidade do grupo e priorizados por ele.

A escolha da temática depende, então, de um olhar mais atento do grupo e do professor à realidade social na qual estão inseridos. Esse "olhar atento" pode ser elaborado a partir da pesquisa de campo e da análise dos dados. Em geral, essa temática é delineada a partir das questões e dos problemas vinculados ao cotidiano do grupo. Por exemplo, o mau cheiro da água, a coleta de lixo e o esgoto a céu aberto são situações que estão relacionadas ao meio ambiente.

Desse modo, podemos ter uma multiplicidade de projetos vinculados a uma mesma temática. Por exemplo, se a temática for meio ambiente, então os projetos poderão ser sobre a coleta de lixo, o esgoto, a poluição, o consumo de energia etc.

Temos a seguir uma visão esquemática do processo:

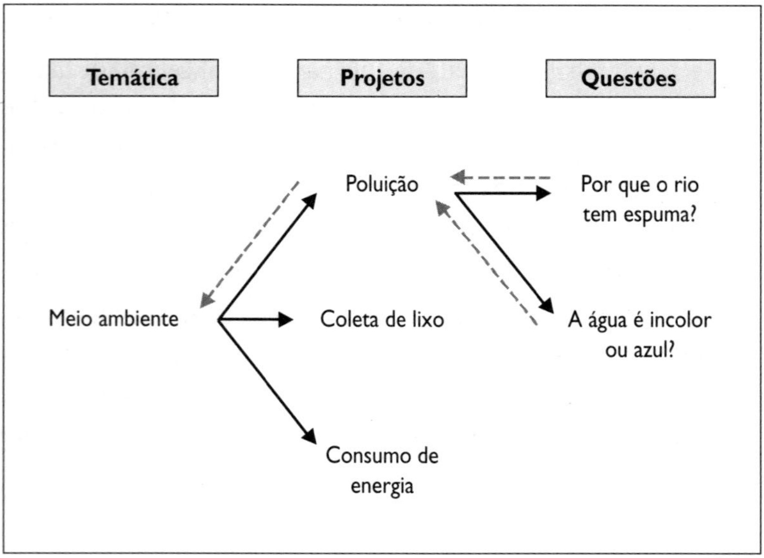

Na prática, porém, essa situação pode se inverter, isto é, o que pode se fazer presente, num primeiro momento, é a questão e, depois, cabe ao professor articular essa questão ao projeto e à temática. No esquema anterior isso foi representado por meio das setas tracejadas.

Fazer essa articulação entre projeto e tema transversal é interessante e ajuda o professor a buscar a cooperação de outras disciplinas. Entretanto, o fator determinante é ter a questão ou o problema[7] claramente formulados. Essa etapa do trabalho é a que chamaremos de *problematização*.

É comum, após a pesquisa de campo, vários temas ou questões se mostrarem importantes para o grupo, devendo assim ser feita uma escolha: Qual trabalhar primeiro? Para isso, consideramos alguns critérios, dentre os quais destacamos:

1) Os temas[8] dos projetos devem ser escolhidos tendo em vista o interesse do grupo, bem como sua relevância para o desenvolvimento dos conteúdos programáticos a serem trabalhados.

2) Devem ser projetos vinculados a temas mais genéricos. Por exemplo, entre "Consumo de energia" e "Consumo de energia elétrica". Na fase inicial, o primeiro é mais adequado por ser mais amplo que o segundo, propiciando maior abertura no leque de trabalhos a serem realizados pelos diferentes docentes da série em questão.

7. Problema aqui é entendido de forma genérica, não se refere necessariamente a um problema na linguagem matemática.

8. Temas de projetos para nós é diferente de temas transversais. Estes últimos são mais abrangentes, ou seja, um tema transversal comporta vários temas para projetos.

3) Deve haver uma disponibilidade de dados a respeito do tema escolhido. Em outras palavras, algumas vezes, o tema pode ser muito interessante e atrativo aos alunos; no entanto, a obtenção de dados sobre ele é, ou pode ser, extremamente problemática. Por exemplo, a qualidade da água distribuída pelas empresas às residências de um determinado bairro é, via de regra, dita como excelente, mas quando se tenta obter dados objetivos sobre as análises químicas dessa água, as empresas, normalmente, não os fornecem[9].

4) Os temas de projetos escolhidos devem buscar legitimar os conhecimentos a serem trabalhados nas diferentes disciplinas. Isso significa que os conhecimentos desenvolvidos nas diferentes áreas serão vistos como ferramentas para a compreensão da realidade com a qual se estará trabalhando.

Definido o tema ou uma situação relevante, passamos para outra fase, a da problematização, já mencionada anteriormente. Nessa etapa, o grupo deve partir das análises relativas à situação que desejam priorizar e discuti-las, formulando uma ou mais questões. As questões devem ser amplas e, em alguns casos, podem ter sido a alavanca de todo o processo; em outros, podem emergir a partir da análise da pesquisa de campo.

Por exemplo, pode haver duas situações: uma em que pessoas que moram ao lado de um lixão estão incomodadas com o grande número de ratos, e o desejo de eliminá-los possa ser a questão motivadora de todo o processo: Como eliminar os ratos? Em

9. Nesse caso, não significa que o tema deva ser excluído, mas é importante pontuar as dificuldades para que o aluno não crie uma expectativa de "resposta" que não será possível de se obter de imediato. Um bom caminho é refletir sobre por que não podemos ter acesso a todas as informações, qual a relação entre poder e informação.

outros casos, as pessoas podem acreditar que os ratos nunca serão eliminados e que o único caminho é usar ratoeiras para minimizar o problema. Aqui a questão poderia ser: O uso de ratoeiras controlaria o crescimento populacional dos ratos?

Então, somente a partir de uma análise dos dados da pesquisa de campo, outras alternativas podem ser despertadas e outras questões levantadas, como: Quais os tipos de aterros sanitários? Para que serve o lixo? O que fazer com ele? Por que existem tantos ratos? Nessa etapa, o grupo deve ficar livre para pensar, formular hipóteses, levantar todos os tipos de questões e problemas.

Às vezes, os alunos e os professores sentem uma certa dificuldade nesta fase. Isto se deve ao fato de que, em geral, a escola não proporciona momentos de reflexão e problematização. O mais comum é apresentar as questões já formuladas, acabadas e descontextualizadas para que o aluno as resolva. Assim, é fundamental a intervenção do professor, estimulando e auxiliando os alunos na análise e no entendimento de uma certa situação.

Após a etapa da problematização, descortina-se um novo momento: a formulação do Modelo Matemático. Para ilustrar melhor essa fase do trabalho, apresentaremos três projetos. Os dois primeiros estão relacionados a questões identificadas e discutidas pelos professores a partir do contexto da sala de aula e o terceiro exemplifica uma situação na qual a temática emergiu do contato da escola com a comunidade.

Tema Central 1: Brincadeiras Infantis

"Brincadeiras infantis" justifica-se como escolha de temática central, ou como tema transversal de trabalho a ser desenvolvido nas séries iniciais do Ensino Fundamental, principalmente por três razões:

- Por fazer parte do cotidiano cultural, social e acadêmico de qualquer grupo de estudantes pertencente às séries em questão.
- Pelo fato de esta temática buscar realizar, preservar e, em alguns casos, resgatar a cultura de tais brincadeiras, as quais estão desaparecendo de nossa sociedade devido aos "modernos valores" impostos pelo avanço da sociedade de consumo em nosso país.
- E finalmente por constituir um tema de interesse para qualquer grupo de estudantes de professores para os quais este livro se destina, seja qual for a região do país na qual eles atuem.

Projeto: Construção de cata-ventos

O projeto "Construção de cata-ventos", que será descrito a seguir dentro desta temática, é resultado de trabalhos por nós desenvolvidos junto a professores das redes municipal e estadual de ensino da região de Campinas-SP, bem como junto a professores que participaram do Curso de Especialização em Educação Matemática, oferecido pela PUC-Campinas entre os anos de 1992 e 1998.

Antes de iniciarmos a descrição em si deste trabalho, é importante enfatizar dois aspectos a seu respeito. Primeiro, quanto à escolha do tema. Em 1990, ao trabalhar com professores da região de Campinas-SP, solicitamos a eles um levantamento de campo para saber das atividades desenvolvidas por seus alunos nos momentos de lazer. Como resultado, foram citadas inúmeras atividades, brincadeiras e situações possíveis de serem trabalhadas em sala de aula, dentre as quais destacamos: brincadeiras de corda, os jogos de amarelinha e de queimada, a construção de balões e de cata-ventos e o entendimento do plano Collor, imposto aos cidadãos do País pelo então recém-eleito Presidente da República.

É importante mencionar entretanto que esta linha de ação para a escolha da temática a ser trabalhada em sala de aula (levantamento de campo junto aos alunos), embora adotada por nós como necessária e de fundamental interesse para trazer os conhecimentos sociais e culturais do educando para dentro da escola, não é a única alternativa possível. De fato, este mesmo trabalho poderia iniciar-se a partir da discussão das atividades a serem desenvolvidas por ocasião da semana da Pátria, as quais certamente incluiriam a confecção de cata-ventos.

Finalmente, o segundo aspecto a ser enfatizado refere-se à estrutura organizacional do trabalho. De fato, entende-se por *projeto* um conjunto de atividades para sala de aula nas quais estão especificados os seguintes aspectos:

a) título da atividade;

b) objetivo central da atividade;

c) local para sua realização;

d) materiais necessários;

e) tempo previsto;

f) descrição sucinta do trabalho e dos conceitos matemáticos a serem abordados naquela atividade;

g) e, finalmente, um elenco das possíveis ligações a serem feitas com as demais áreas do conhecimento humano relacionadas com o trabalho desenvolvido na atividade em questão.

Passemos, então, a descrever as atividades que compõem o projeto "Construção de cata-ventos".

Atividade 1

a) Título: pesquisa sobre o tema.

b) Objetivo: propor e orientar os alunos a desenvolverem uma pesquisa a respeito da origem, da utilidade dos diferentes tipos e da importância dos cata-ventos em nossa sociedade.

c) Local para realização da atividade:

— 1ª parte: orientação para a pesquisa — sala de aula;

— 2ª parte: execução da pesquisa — bibliotecas, casa dos alunos ou mesmo na sala de aula (depende da orientação dada e da disponibilidade de recursos).

d) Materiais necessários:

— elaboração de um questionário a ser usado para orientar a pesquisa;

— livros, revistas, vídeos ou qualquer outra fonte de informação disponível (ex.: Internet).

Alternativamente, pode-se levar um texto previamente selecionado ou elaborado para dar início ao trabalho sobre o qual a pesquisa se desenvolverá.

e) Tempo previsto: uma aula para elaboração do questionário e uma semana para execução da pesquisa por parte dos alunos.

f) Descrição do trabalho a ser desenvolvido: Inicialmente levantar questões que suscitem uma discussão em sala de aula a respeito do vento.

Por exemplo:

— O que é o vento?

— Em que época do ano venta mais?

— Que brincadeiras vocês fazem que necessitam de vento?

— Que tipo de objeto vocês constroem que necessita de vento para funcionar?

— O que é um cata-vento?

A partir deste ponto e das discussões surgidas em sala de aula, propor aos alunos a realização de uma pesquisa na biblioteca e junto aos seus familiares a respeito dos pontos elencados anteriormente no objetivo da atividade a respeito do cata-vento.

Para auxiliar os alunos neste trabalho, desenvolver, juntamente com eles, um questionário/um roteiro de pesquisa para servir de instrumento orientador do trabalho.

g) Possíveis ligações com outras áreas do conhecimento:

— *Português*

Pedir aos alunos que elaborem uma redação sobre o tema do projeto.

— *História/Geografia*

Fazer os alunos pesquisarem sobre a origem e a utilidade dos moinhos de vento.

— *Ciências*

Explicar o funcionamento do cata-vento/moinho de vento/roda-d'água.

Atividade 2

a) Título: resultado da pesquisa realizada.

b) Objetivo: relatar e elaborar um texto que sintetize as informações obtidas com a pesquisa.

c) Local para o desenvolvimento da atividade: sala de aula.

d) Materiais necessários:

— pesquisas realizadas individualmente;

— papel; e

— giz.

e) Tempo previsto: 4 horas-aula.

f) Descrição do trabalho a ser desenvolvido: inicialmente, propor aos alunos que se reúnam em grupos de 4 ou 5. Nesses grupos cada estudante relata a pesquisa que fez, os dados que obteve e cada equipe elabora um relatório único a respeito da pesquisa.

Após este trabalho, um representante de cada equipe apresenta para os demais alunos o relatório da pesquisa.

A seguir, com o auxílio do professor, deve ser produzido um texto final sobre o tema da pesquisa.

g) Possíveis ligações com outras áreas do conhecimento:

— *História/Geografia/Ciências*

Complementar o texto com os dados obtidos nas ligações sugeridas na Atividade 1.

Atividade 3

a) Título: construção do cata-vento quadrado.

b) Objetivo: explorar a construção do cata-vento quadrado.

c) Local para o desenvolvimento da atividade: sala de aula e pátio da escola.

d) Materiais necessários:

— cartolinas de diversas cores, recortadas em quadrados com 20 cm de lado (um quadrado para cada aluno);

— régua (uma para cada aluno);

— lápis (um por aluno);

— tesoura sem ponta (uma para cada dois alunos);

— alfinete de mapa (um por aluno);

— vareta de madeira mole (madeira balsa) — uma por aluno (dimensões: C = 25 cm, L = 1 cm, E = 0,5 cm);

— folhas de papel sulfite ou de revistas velhas;

e) Tempo previsto: de 3 a 4 horas-aula.

f) Descrição do trabalho a ser desenvolvido: para que a cartolina não seja desperdiçada, iniciar a atividade usando folhas de papel sulfite ou de revistas velhas para propor a confecção dos cata-ventos iniciais.

Caso tais folhas não estejam na forma de um quadrado e sim na forma retangular, perguntar à classe como se pode construir um quadrado sem o uso da régua e a partir do lado menor da folha, permitindo aos alunos mostrarem aos demais como fazer isso. Estando com a folha na forma de um quadrado, questionar como construir um cata-vento, aguardando que os alunos pensem e que aqueles que souberem mostrem aos demais como proceder.

Ao ser mostrado como se procede para construir um cata-vento, vários conceitos matemáticos podem ser introduzidos e explorados. Dentre eles podemos citar:

— as características do quadrado quanto ao número de lados e ângulos e suas medidas;

— o conceito de diagonal;

— o número de diagonais de um quadrado;

— o centro geométrico do quadrado;

— a razão entre o tamanho do corte mínimo a ser feito na diagonal a partir de cada vértice do quadrado e o tamanho da diagonal.

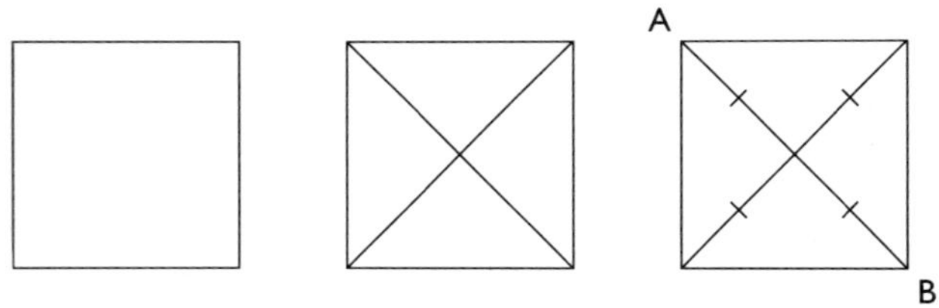

cartolina quadrada

quadrado com suas diagonais

ponto mínimo de corte a partir de cada vértice ($\frac{1}{4}\overline{AB}$)

Depois de recortada a folha de sulfite ou de revista velha para montar o cata-vento e não havendo dúvidas entre os alunos de como proceder, o trabalho poderá então ser realizado na folha de cartolina apropriada.

Quando a cartolina estiver preparada, distribuir para cada aluno a vareta de madeira e o alfinete para que o cata-vento possa ser montado.

Neste ponto, questionar os alunos se algum deles procedeu de maneira diferente para construir o cata-vento. Se isso tiver ocorrido, pedir ao aluno, ou alunos, que mostre aos demais o que fez de diferente. Explorar as diferenças. Procurar analisar a influência das diferenças no funcionamento do cata-vento. Dar asas à imaginação!

Por exemplo, o aluno pode não ter cortado o papel sobre a diagonal, mas sim em direção ao centro geométrico do quadrado (encontro das diagonais).

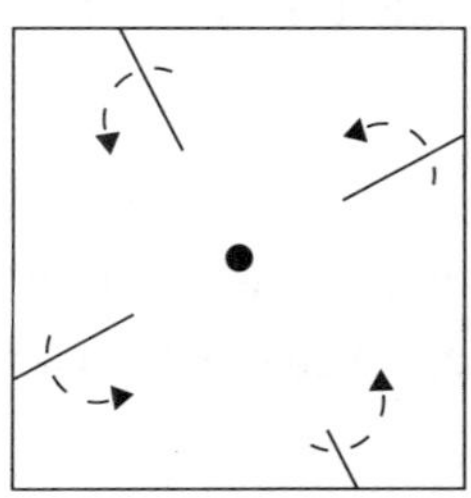

corte em direção ao centro geométrico

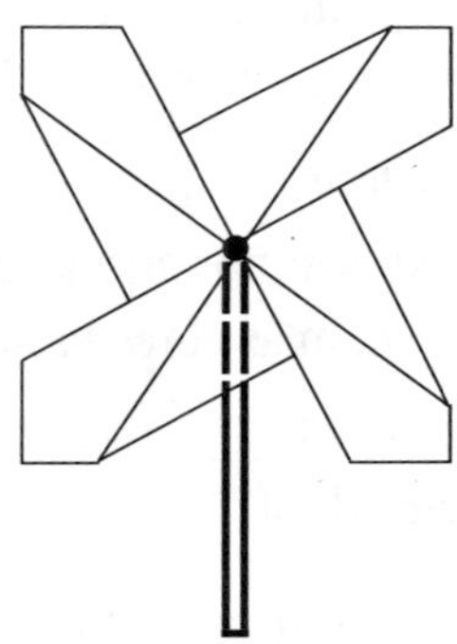

cata-vento quadrado, montado diferentemente da maneira tradicional

Ao final do trabalho, permitir que os alunos saiam para o pátio da escola e brinquem com o cata-vento que construíram. Caso contrário, será impossível conseguir a atenção deles para, mais tarde, explorar os conceitos matemáticos envolvidos na construção do cata-vento.

g) Possíveis ligações com outras áreas do conhecimento:

— *Artes*

- Orientar os alunos para decorarem os cata-ventos construídos.
- Sugerir que pintem os cata-ventos usando as sete cores básicas. Orientar os alunos para dividirem o cata-vento em "fatias" e pintarem cada uma delas de uma cor (o resultado desse procedimento é que, ao girar, o cata-vento se tornará branco).
- Sugerir alternativas na maneira de pintar o cata-vento, como, por exemplo, em lugar de usar as sete cores, usar somente algumas delas, o que resultará em tonalidades diferentes da cor branca.

— *Ciências*

Explicar por que, ao girar, a cor do cata-vento varia de acordo com as cores básicas usadas na sua decoração.

Atividade 4

a) Título: construção do cata-vento triangular.

b) Objetivo: explorar a construção e o funcionamento de um cata-vento triangular.

c) Local para o desenvolvimento da atividade: sala de aula e pátio da escola.

d) Materiais necessários:

— cartolina de diversas cores, recortadas em triângulos eqüiláteros (uma para cada aluno);

— compasso (um para cada dois alunos);

— régua (uma para cada aluno);
— transferidor (um para cada dois alunos);
— lápis (um por aluno);
— tesoura sem ponta (uma para cada dois alunos);
— alfinete de mapa (um por aluno);
— vareta de madeira mole (uma por aluno);
— folhas de papel sulfite ou de revistas velhas.

e) Tempo previsto: 4 horas-aula.

f) Descrição do trabalho a ser desenvolvido: primeiramente, usando a folha de papel sulfite ou folha de revista velha, auxiliar os alunos (com o uso de um compasso) a construírem um triângulo eqüilátero cuja medida do lado corresponda à medida do lado menor da folha fornecida.

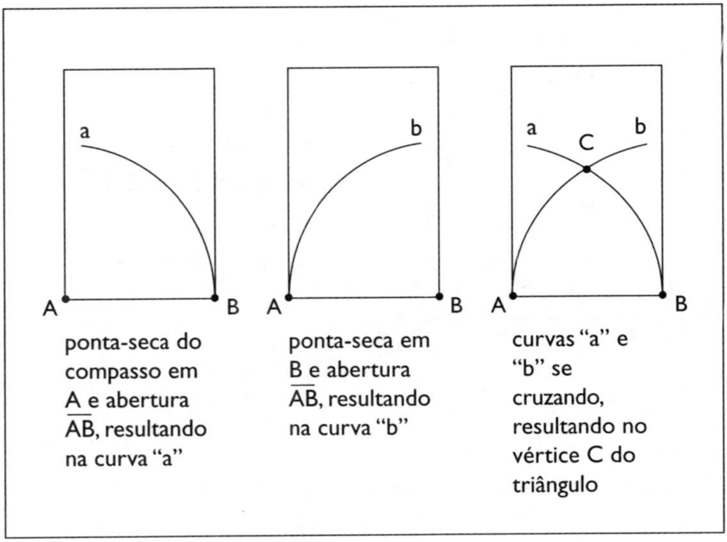

Conceitos matemáticos possíveis de serem explorados e trabalhados:

— as características do triângulo eqüilátero quanto ao número de lados e de ângulos internos e de suas medidas;

— a não-existência de diagonais em triângulos;

— o conceito de bissetriz;

— a medida do ângulo do vértice a ser transportado para o centro ao construir o cata-vento (30°);

— a razão entre o tamanho do corte mínimo a ser feito na bissetriz a partir de cada vértice do triângulo e o comprimento da bissetriz, tomando como ponto de partida o vértice (A, B ou C) e como ponto final o ponto médio do lado oposto ao vértice do ponto de partida (M).

— a soma dos ângulos transportados para o centro do cata-vento quadrado (4 × 45° = 180°) e triangular (3 × 30° = 90°).

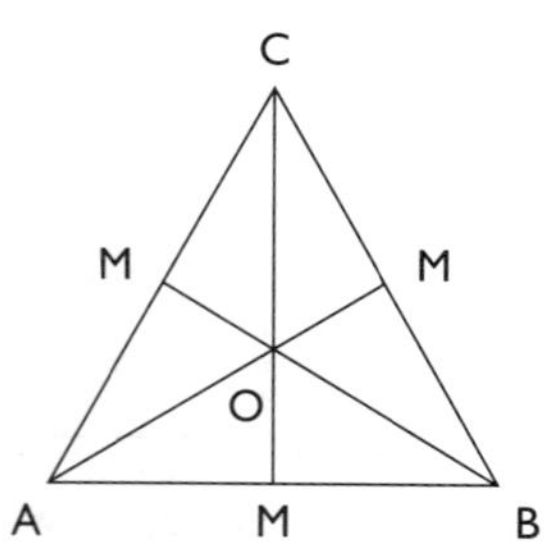

razão entre os segmentos $\overline{AO}$ e $\overline{OM}$, $\overline{BO}$ e $\overline{OM}$, $\overline{CO}$ e $\overline{OM}$

(Resp.: $\frac{1}{3}$ de $\overline{AM}$ ou $\overline{BM}$ ou $\overline{CM}$)

Formalizar os conceitos matemáticos explorados, mesmo que para isto seja necessário usar um livro-texto como referência.

Após construir o cata-vento na folha de sulfite ou de revista velha, faça o mesmo trabalho na folha de cartolina.

Tendo sido montado o cata-vento triangular, solicite aos alunos que procurem fazê-lo girar. Eles observarão que isto dificilmente ocorrerá, uma vez que o vento, ao bater nas "pás" do cata-vento, escapa pelas suas laterais, tendo em vista a pequena curvatura formada pela parte transportada ao centro do cata-vento. Para solucionar o problema, basta fazer um vinco em cada uma das "pás" do cata-vento, pois isto fará com que o vento seja canalizado na direção do centro do cata-vento, fazendo-o girar.

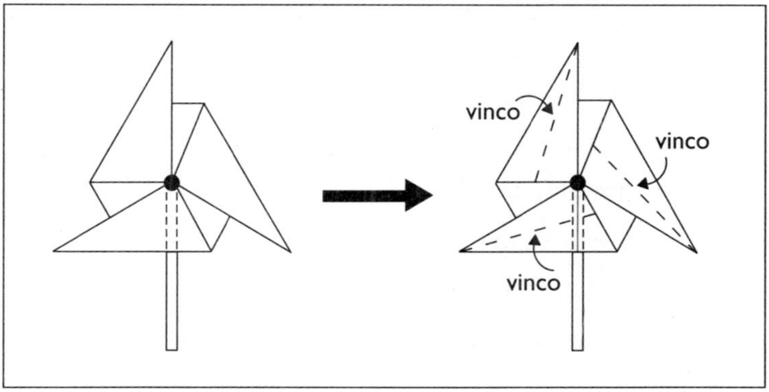

Em classe, não tecer essas considerações; deixar que os alunos explorem o objeto e cheguem às conclusões anteriores.

Finalmente, permita aos alunos que brinquem com o cata-vento no pátio da escola.

g) Possíveis ligações com outras áreas do conhecimento:

— *Ciências*

Explorar o porquê do não-funcionamento inicial do cata-vento triangular.

Atividade 5

a) Título: construção do cata-vento hexagonal.

b) Objetivo: explorar as razões da dificuldade da construção do cata-vento hexagonal e a quase impossibilidade de seu funcionamento.

c) Local para o desenvolvimento da atividade: sala de aula e pátio da escola.

d) Materiais necessários:

— cartolina de diversas cores, recortadas em hexágonos regulares (uma para cada aluno);

— régua;

— compasso;

— transferidor;

— tesoura sem ponta;

— alfinete de mapa;

— vareta de madeira mole;

— folhas de papel sulfite ou de revistas velhas.

e) Tempo previsto: 4 horas-aula.

f) Descrição do trabalho a ser desenvolvido: como descrito nas outras atividades, trabalhe primeiro na folha de sulfite ou de revista velha para, posteriormente, fazer o cata-vento na cartolina a ser fornecida.

Conceitos matemáticos possíveis de serem explorados durante a construção do cata-vento hexagonal:

— as características do hexágono regular quanto ao número e a medida dos lados e de seus ângulos internos;

— o número de bissetriz do hexágono;

— o conceito de polígonos regulares;

— a propriedade de os polígonos regulares de número de lados par terem bissetrizes que passam pelo centro geométrico da figura, o que não ocorre com polígonos regulares de número ímpar de lados;

— a medida do ângulo do vértice a ser transportado para o centro do cata-vento (60°);

— a razão entre o tamanho do corte mínimo a ser feito nas diagonais que passam pelo centro do hexágono a partir do vértice e o comprimento total da diagonal usada neste corte.

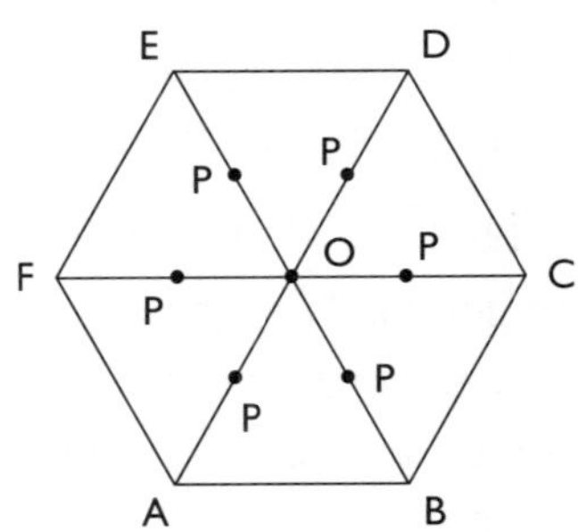

ponto mínimo de corte (P):
$\frac{1}{4}$ de $\overline{AD}$ ou $\overline{BE}$ ou $\overline{CF}$

Notar que, diferentemente do observado com o quadrado, em que o ponto mínimo de corte era 1/4 da medida da diagonal e com o triângulo eqüilátero, em que o ponto mínimo de corte era 1/3 da medida da bissetriz, a coincidência "4" lados e 1/"4" e "3" lados e 1/"3" não ocorre com o hexágono. Neste, a relação é "6" lados e 1/"4";

— a soma dos ângulos transportados para o centro do cata-vento hexagonal (360°);

— a relação existente entre o número de lados da figura usada na construção do cata-vento e a soma dos ângulos transportados para seu centro (3 lados = 90°, 4 lados = 180°, 6 lados = 360°).

Quantos graus seriam transportados para o centro se trabalhássemos com o pentágono?

Como dito anteriormente, não esquecer de formalizar os conceitos matemáticos trabalhados, mesmo que para isto necessite de um livro-texto como referência.

Após a construção do cata-vento hexagonal ter sido concluída, testar seu funcionamento. Por que ele não funciona bem? O que devemos fazer? Há solução para o problema?

Levantar outras questões. Dar asas à imaginação!

Será que poderíamos construir um cata-vento hexagonal girando alternadamente uma pá do cata-vento para cada lado? Esse procedimento ajuda ou não o funcionamento do cata-vento? Explore os porquês.

Fazer uma exposição na escola do trabalho desenvolvido. Deixar que seus alunos relatem para os outros alunos da escola como todo este trabalho transcorreu, o que eles aprenderam e qual a opinião deles sobre esta forma de trabalho.

Mude sua escola! Isso também depende de você.

Tema Central 2: Meio Ambiente

A questão ambiental, como já frisado nos PCN, tornase cada vez mais importante em nossa sociedade. A relação entre o homem e a natureza constitui uma relação vital para a sobrevivência em nosso planeta.

A justificativa presente nos PCN rege que:

> A perspectiva ambiental consiste num modo de ver o mundo em que se evidenciam as inter-relações e a interdependência dos diversos elementos na constituição e manutenção da vida. Em termos de educação, essa perspectiva contribui para evidenciar a necessidade de um trabalho vinculado aos princípios da dignidade do ser humano, da participação, da co-responsabilidade, da solidariedade e da eqüidade (Temas transversais, v. 9, p. 19).

São inúmeras as razões que justificam a inclusão do "Meio ambiente" como um tema transversal, e acreditamos haver um consenso de que tal tema é de fundamental importância na formação do cidadão. Prova disso é a lei nº 9.795, promulgada pelo governo federal em 27/4/99, que dispõe sobre a educação ambiental e institui a Política Nacional de Educação Ambiental. Os artigos 1º e 2º do capítulo 1 dessa lei têm os seguintes enunciados:

> Artigo 1º — Entende-se por educação ambiental os processos por meio dos quais o indivíduo e a coletividade constroem valores sociais, conhecimentos, habilidades, atitudes e competências voltadas para a conservação do meio ambiente, bem de uso comum do povo, essencial à sadia qualidade de vida e sua sustentabilidade.
>
> Artigo 2º — A educação ambiental é um componente essencial e permanente da educação nacional, devendo estar presente, de forma articulada, em todos os níveis e modalidades do processo educativo, em caráter formal e não-formal.

Como podemos observar, a temática "Meio ambiente", tanto na perspectiva do PCN como na da lei nº 9.795, é de fundamental importância na formação do cidadão e de uma sociedade sadia, solidária, responsável e sustentável. Desta forma, passaremos a descrever dois projetos que exemplificarão a implementação dessa temática ou, nos termos do PCN, desse tema transversal, em sala de aula. Trata-se dos projetos: "Consumo de energia elétrica" e "A confecção de recipientes para o cultivo de mudas de legumes e hortaliças".

Projeto: Consumo de energia elétrica

Inicialmente, é importante ressaltar que a proposta do projeto deve ser uma conseqüência da pesquisa de campo; portanto, deve ter havido um trabalho anterior a este, em que o grupo tenha discutido questões de seu interesse.

As atividades a seguir foram estruturadas partindo-se do princípio de que o projeto aqui proposto é de interesse comum ao grupo. A escolha desse tema se deu pela freqüência com que o problema do desperdício de energia e os limites da oferta têm surgido nos cursos que temos ministrado a pós-graduandos e a professores das redes municipal e estadual.

O fornecimento de energia pode sofrer problemas devido ao aumento da demanda, sendo necessário seu uso mais racional. Esse uso racional depende de mudanças de comportamento, que precisam ser trabalhadas de forma crítica e consciente. Esse é o objetivo central deste projeto.

Atividade 1

a) Título: preparação para a visita à companhia de energia elétrica.

b) Objetivo: preparar os alunos para coletar dados sobre a geração e transmissão de energia.

c) Local para a realização da atividade: sala de aula.

d) Materiais necessários: papel, lápis, caneta, livros, revistas e jornais que tratem do assunto. Selecionar material compatível com a idade de seus alunos, bem como solicitar com antecedência que tragam material (livros, jornais, revistas) de casa.

e) Tempo previsto: 4 horas-aula.

f) Descrição do trabalho a ser desenvolvido: em sala de aula, orientar os alunos para se dividirem em pequenos grupos de 4 ou 5 membros. Dentro do grupo, cada aluno deve socializar com os demais o material que trouxe para a aula sobre o assunto em questão. A partir daí, cada grupo deve elaborar um relatório, em que estejam incluídos os seguintes aspectos: geração e distribuição de energia elétrica, dúvidas sobre esses aspectos, possíveis questões que teriam sobre o assunto.

   Pedir a cada grupo que faça um relato oral sobre o trabalho feito. Após esse momento, orientá-los na organização de questões, tendo em vista a visita a ser feita na companhia de força local/regional. É importante ressaltar que essas questões constituem um roteiro de orientação para a visita, sendo que outras questões poderão surgir no momento da visita.

   Para o sucesso da visita, é fundamental passar para os alunos orientações sobre como agir na visita, como anotar as informações e como se comportar.

g) Possíveis ligações com as demais áreas:

   — *Português*
   Trabalhar a leitura, a interpretação e a apresentação oral da pesquisa a ser feita.

— *Geografia*
Trabalhar a localização da companhia que será visitada, bem como a localização de diferentes hidrelétricas existentes no Brasil.

— *História*
Falar sobre o advento da energia elétrica e as mudanças de comportamento que ela provocou na sociedade.

— *Ciências*
Discutir sobre o impacto ambiental de uma hidrelétrica.

Atividade 2

a) Título: visita à companhia de energia ou à hidrelétrica.

b) Objetivo central: coletar dados para o trabalho.

c) Local para a realização da atividade: local a ser visitado.

d) Materiais necessários:

— caneta;

— lápis;

— máquina fotográfica;

— filmadora*;

— gravador*.

e) Tempo previsto: um período de aula (manhã/tarde).

---

* Esses materiais podem ser usados, mas não são essenciais. Caso se opte por usá-los é necessário pedir autorização para a empresa e/ou entrevistado previamente.

f) Descrição do trabalho a ser desenvolvido: durante a visita, os alunos devem ter uma participação ativa, isto é, devem fazer as perguntas, anotar as respostas, tirar as dúvidas e buscar o máximo de informações possível.

Antes da visita, orientar os alunos para a necessidade de fazer um relatório da visita. Neste devem constar, além das informações obtidas, as impressões, bem como os nomes das pessoas entrevistadas. É comum as empresas entregarem materiais para serem lidos; seria interessante que eles fossem resumidos pelos alunos. Desenhos/gráficos também são interessantes.

Caso sejam feitos registros fotográficos, é importante anotar o que foi fotografado e a seqüência com que devem ser organizados. A confecção de painéis é uma atividade muito interessante.

g) Possíveis ligações com as demais áreas:

— *Português*
O professor desta disciplina deve ter uma participação ativa e fundamental na elaboração do relatório, tendo em vista que as demais áreas dependerão das informações obtidas durante a visita e desse relatório para o trabalho posterior.

Atividade 3

a) Título: coleta de dados em casa.

b) Objetivo central: observar o consumo de energia nas residências dos alunos.

c) Local para a realização: as residências dos alunos.

d) Material necessário: uma tabela previamente elaborada em classe para a coleta dos dados.

e) Tempo previsto: um ou dois dias de aula para a confecção da tabela e dois dias para levantar as informações em casa.

f) Descrição do trabalho a ser desenvolvido: os alunos devem (em classe) confeccionar uma tabela que lhes facilite anotar a potência e os gastos médios de energia dos eletrodomésticos e a quantidade e a potência das lâmpadas. Além disso, eles devem coletar e organizar as contas de luz dos últimos 12 meses (se possível). Explorar bastante a confecção da tabela.

Inicialmente, elaborar atividades de leitura e de exploração de tabelas. Para isso, utilizar tabelas de revistas, jornais ou até mesmo tabelas confeccionadas especialmente para esta atividade. Tabelas simples que durante o ano letivo foram confeccionadas pelos alunos devem ser retomadas.

É interessante sugerir que cada aluno confeccione uma tabela e em seguida que todas sejam apresentadas para a classe, para que se proceda à escolha da mais adequada ou se proponha um novo modelo a partir daqueles apresentados. Deve também ser oferecida ao aluno a possibilidade de usar uma tabela diferente; suas informações, depois, deverão ser convertidas para a tabela selecionada pela classe.

Nesse momento, é importante explorar as diferentes tabelas que surgirem, analisando as vantagens e dificuldades de cada uma.

Discutir com os alunos e estar consciente de que nem sempre essa atividade é simples para as crianças; portanto, elas devem ser encorajadas e orientadas.

É fundamental, também, orientar os alunos para que busquem, sem riscos, as informações dos eletrodomésticos. Conversar com os pais dos alunos sobre essa atividade pode também ser interessante. Obter as informações pelo manual é um bom caminho. Caso o manual tenha sido extraviado, é importante orientar os alunos para pedir auxílio a um adulto no levantamento dessas informações.

Atividade 4

a) Título: organização dos dados.

b) Objetivo: organizar os dados obtidos na visita à companhia de força e luz da cidade/região e na pesquisa feita pelos alunos em suas residências.

c) Local para a realização da atividade: sala de aula.

d) Materiais necessários:

— Folhetos/informações fornecidos pela companhia de força e luz/hidrelétrica quanto a: consumo de energia na cidade/região; horário do dia e períodos do ano em que há maior consumo de energia; gasto médio de energia elétrica dos principais eletrodomésticos (geladeira, chuveiro, ferro de passar roupa, televisão, rádio etc.);

— Conta de luz das casas dos alunos (o maior número de contas, por aluno, possível. De preferência, as últimas 9 contas);

— Tipos de eletrodomésticos, lâmpadas e outros objetos que consomem energia elétrica em uma casa;

— Tempo médio diário que esses utensílios ficam ligados;

— Outros dados ou informações que o professor ou os alunos acharem importantes para o tema em questão.

e) Tempo previsto: 2 a 3 dias de aula.

f) Descrição do trabalho a ser desenvolvido: a organização dos dados, objetivo central desta atividade, é de fundamental importância para as atividades subseqüentes. Isso se deve ao fato de que é a partir desta organização que as questões centrais para as outras atividades serão levantadas.

Para organizar os dados, primeiramente, sugerir aos alunos que separem o material que cada um trouxe/possui em diferentes categorias. Por exemplo, contas de luz, eletrodomésticos, tipos de lâmpadas (lâmpada fluorescente, lâmpada incandescente; potências de cada tipo de lâmpada) etc.

Com essa categorização feita, a próxima etapa do trabalho é levantar os dados relevantes de cada uma das categorias. Por exemplo, nas contas de luz, obter as informações quanto ao número de quilowatts-hora gasto a cada mês, o custo do quilowatt-hora (kWh), o imposto cobrado sobre o consumo, o total gasto em reais em cada mês etc. É importante que para fazer esse trabalho os alunos sejam orientados ou que se dê tempo a eles para que descubram, na conta de luz, onde essas informações estão. Se houver possibilidade, fazer um xerox de uma conta de luz numa transparência e usar um retroprojetor em sala de aula. Isto facilitará muito o trabalho dos alunos e lhes poupará bastante tempo para que entendam o que se espera deles.

Depois que os dados tiverem sido obtidos/localizados, propor aos alunos que completem ou façam tabelas onde os dados serão registrados.

Por exemplo, uma tabela possível para a conta de luz seria:

Mês	Consumo em kWh	Custo do kWh	Imposto pago	etc.
Jan./99				
Fev./99				

O objetivo desta atividade, enfim, é apresentar os dados coletados de forma sistematizada, resumida e tabulada.

g) Possíveis ligações com outras áreas do conhecimento:

— *Ciências*

- Pesquisar sobre como se transmite a energia elétrica.
- Explicar o que significa o quilowatt-hora.

— *Português*

Elaborar um relatório a respeito da visita e das dificuldades/facilidades encontradas até esta etapa do trabalho.

Atividade 5

a) Título: levantamento das questões.

b) Objetivo: especificar as principais questões a serem investigadas a partir dos dados organizados anteriormente.

c) Local para realização da atividade: sala de aula.

d) Materiais necessários: tabelas confeccionadas na atividade anterior e dados/informações obtidos a partir da visita.

e) Tempo previsto: 1 a 2 dias de aula.

f) Descrição do trabalho a ser desenvolvido: pelo andamento deste projeto, uma questão crucial que certamente virá à tona é:

Como cada um de nós pode economizar energia elétrica diante da sua provável falta em nível nacional?

Para responder a essa questão central, na realidade, outras questões podem ser levantadas. Dentre elas, podemos citar:

— Qual o consumo médio de energia elétrica das casas dos alunos da sala de aula?

— Qual a contribuição dos principais eletrodomésticos no consumo mensal de energia em casa?

— O consumo de energia elétrica em uma casa é proporcional ao número de pessoas que ali vivem? É possível determinar essa constante de proporcionalidade caso ela exista?

— Qual a contribuição do "horário de verão" para a economia de energia elétrica?

— Quais razões poderíamos apontar para a adoção do "horário de verão"? Por que alguns estados brasileiros não adotam o "horário de verão"?

Essas questões são de fato somente algumas das que poderíamos especificar aqui. De fato, a motivação, o interesse dos alunos pelo tema, a forma de conduzir os trabalhos pelo professor, o envolvimento dos alunos em todo o processo são fatores que farão com que outras perguntas relevantes sejam levantadas. Caberá ao professor avaliar a ampliação ou a redução dos trabalhos a partir da análise destes e de outros fatores considerados relevantes.

g) Possíveis ligações com outras áreas de conhecimento:

Nesta atividade, o professor poderia contar com a colaboração dos professores das demais áreas do conhecimento para levantar questões relevantes sobre o tema em questão. Caso o professor seja "polivalente", deverá buscar o elo entre as questões levantadas e as outras áreas com as quais trabalha.

Atividade 6

a) Título: consumo médio de energia elétrica das casas dos alunos da sala de aula.

b) Objetivo central: observar os períodos em que ocorre maior gasto de energia para, a partir dessa análise, buscar alternativas.

c) Local para as realizações: sala de aula.

d) Materiais necessários:

— papel quadriculado;

— lápis de cor;

— borracha;

— revistas;

— jornais; e

— tabelas confeccionadas anteriormente.

e) Tempo previsto: 4 dias de aula.

f) Descrição do trabalho a ser desenvolvido: após a organização dos dados, orientar os alunos a representá-los graficamente. Explicar como confeccionar um gráfico, destacando as escalas. Nesse momento, é possível trabalhar noções de razão e proporção.

É importante oferecer situações em que os alunos possam observar e ler diferentes tipos de gráficos. Para isso, utilizar gráficos de revistas e jornais.

Sugerimos que se construa um gráfico relacionando o mês e o consumo médio das casas dos alunos da sala. É fundamental aqui explicar o significado da média, bem como o seu cálculo. Esse cálculo pode gerar como resultado números racionais; assim, trabalhar com a idéia de arredondamento.

Após a confecção do gráfico, ele deve ser analisado e interpretado. Em geral, há um gasto maior no período do inverno. Esse resultado, ou qualquer outro que apareça, deve ser discutido com os alunos. Devemos entretanto nos perguntar como reduzir o consumo de energia elétrica. Dentre as possibilidades, podem aparecer o uso racional dos eletrodomésticos, a troca de lâmpadas e outros. Assim, essa atividade deverá gerar outras.

O horário de verão é outra questão que pode surgir entre os alunos. Caso isso ocorra, pode-se sugerir uma pesquisa para colher a opinião da população sobre esse horário, ou ainda para verificar se ele realmente reduz o consumo da energia em suas casas etc.

g) Possíveis ligações com outras áreas:

— *Geografia*
Estudar as estações (verão, inverno, primavera, outono).
Outras possibilidades, inclusive de outras áreas, podem surgir; isso dependerá do encaminhamento da atividade em classe.

Atividade 7

a) Título: eletrodomésticos × consumo de energia.

b) Objetivo: verificar qual a contribuição dos principais eletrodomésticos no consumo mensal de energia em sua casa.

c) Local para a realização da atividade: sala de aula.

d) Materiais necessários:

— dados/informações relativos à questão central da atividade;

— tabela mencionada na Atividade 3;

— papel milimetrado;

— lápis;

— régua.

e) Tempo previsto: 4 dias de aula.

f) Descrição do trabalho a ser desenvolvido: tendo os dados sobre a potência de cada eletrodoméstico de uma casa, o número de horas diárias de uso de cada um desses utensílios e o custo do quilowatt-hora (kWh), será possível orientar os alunos para calcularem a porcentagem de consumo de energia elétrica de cada eletrodoméstico em relação ao consumo mensal de uma casa. Esse percentual pode ser calculado tanto em termos de kWh como de custo. De fato, é uma boa oportunidade para discutir a razão de esses percentuais serem iguais para uma mesma casa, num mesmo período e para um determinado eletrodoméstico. Por que isso acontece?

Propor aos alunos uma discussão a respeito do tempo de uso de cada eletrodoméstico nos diferentes meses do ano. Por exemplo, o chuveiro nos meses de verão é regulado para uma temperatura mais baixa da água do que nos meses de inverno. Isso faz diferença no percentual do consumo de energia elétrica desse utensílio em relação ao consumo total da casa em tais meses? Ou, por exemplo, nos meses de verão, escurece mais tarde. O uso de lâmpadas, portanto, é menor do que nos meses do inverno? Qual a contribuição percentual de tal redução?

Com tais percentuais tendo sido calculados mês a mês para cada um dos principais eletrodomésticos, propor a construção de um gráfico de barras mostrando o consumo de cada um deles a cada mês. Com isso, os alunos poderão verificar quais utensílios contribuem mais para o consumo total de energia elétrica de uma casa, mês a mês. Com isso, os alunos poderão discutir criticamente o que pode ser feito em suas casas para reduzir o consumo mensal de energia. Poderemos ainda verificar se as medidas a serem tomadas por um determinado aluno serão as mesmas a serem adotadas por outros alunos.

Observar que, como dito na introdução deste projeto, a busca por uma posição crítica a respeito da redução do consumo de energia é o cerne do trabalho a ser desenvolvido. Assim procedendo estaremos trabalhando os conceitos matemáticos de forma significativa para o educando. Em outras palavras, a matemática vista nessa perspectiva nos mostra a poderosa ferramenta que ela é para o melhor entendimento da sociedade em que vivemos.

Finalizando, outras atividades poderiam aqui ser propostas. Entretanto, nosso objetivo principal, como autores deste livro, foi o de orientar e não de prescrever possíveis estratégias alternativas de ensino para a matemática, tendo como base as concepções de Etnomatemática, de Modelagem Matemática e de transversalidade. Esperamos que o texto aqui apresentado possa suscitar interesse, curiosidade e criatividade para que os professores que o lerem busquem mudanças em suas práticas cotidianas de sala de aula.

Projeto: A confecção de recipientes para o cultivo de mudas de legumes e hortaliças

A situação que passaremos a relatar é parte de uma pesquisa mais ampla, que foi realizada num assentamento rural na cidade de Sumaré, interior de São Paulo. O objetivo da pesquisa era o de analisar uma situação presente no cotidiano dessa comunidade e problematizá-la num curso de alfabetização de adultos.

Nosso interesse em relatar esse trabalho é para mostrar o desenvolvimento de uma pesquisa de campo e as diferentes possibilidades que ela nos oferece no desenvolvimento de trabalho pedagógico. Cabe ressaltar que as atividades propostas no final são sugestões de como o professor pode encaminhar uma pesquisa com seus alunos. A exploração dela e as atividades possíveis dependerão do interesse do grupo e da análise dos dados coletados.

A pesquisa de campo

A pesquisa de campo teve objetivos amplos, como identificar a localização, a origem da comunidade ou do grupo pesquisado, bem como seu fazer cotidiano, conforme relataremos a seguir.

Localização

O assentamento Sumaré I localiza-se a 120 km de São Paulo, 20 de Campinas e apenas 3 km do centro urbano de Sumaré, dentro do Horto Florestal de Sumaré, numa área que pertencia à Fepasa. Esse assentamento tem, assim, uma excelente localização do ponto de vista de escoamento da produção, devido à sua proximidade com grandes centros consumidores, como Campinas, São Paulo e a própria cidade de Sumaré.

Município de Sumaré, no Estado de São Paulo[10].

O projeto de Sumaré I está vinculado ao Plano de Valorização de Terras Públicas, instituído pela lei nº 4.957, de 30/12/85, com a arrecadação de terras pertencentes à Ferrovia Paulista S/A — FEPASA —, e está sob responsabilidade direta do Departamento

10. Bergamasco, S. *et al. Por um atlas dos assentamentos brasileiros*, p. 24.

de Assentamentos Fundiários — DAF —, do Instituto de Terras. Sua área total é de 236,59 ha e a aproveitável, 187,20 ha. Em Sumaré I estão assentadas 25 famílias (cerca de 190 pessoas) em lotes agrícolas de 7,2 ha e lotes de agrovila de 0,25 ha.

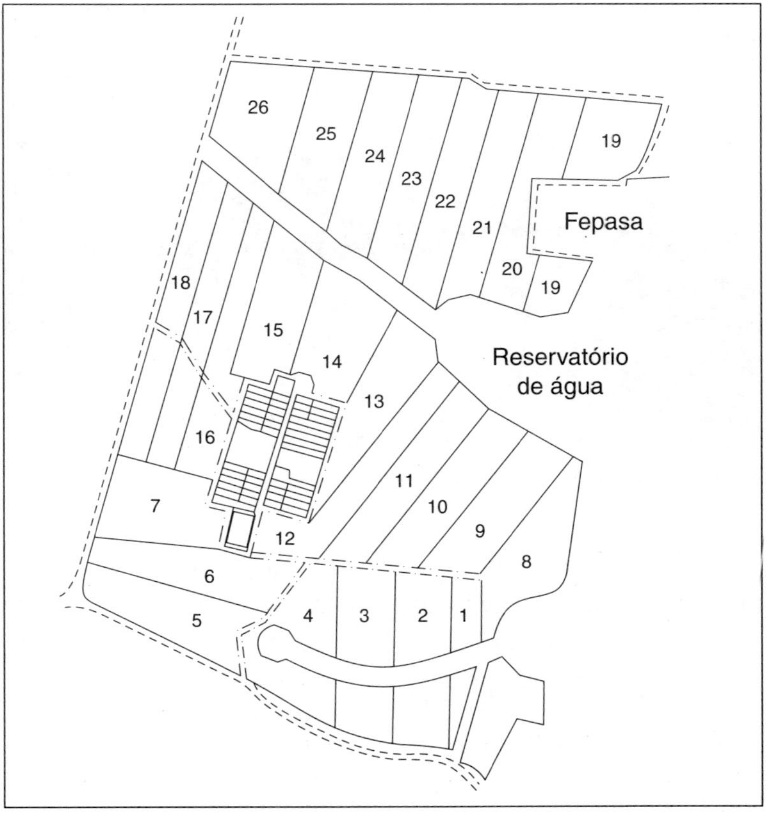

Assentamento Sumaré I[11].

11. Bergamasco, S. *et al. Por um atlas dos assentamentos brasileiros*, p. 27.

O acesso a Sumaré I dá-se por meio de uma estrada de terra que liga Sumaré ao bairro Taquara Branca, logo após o cemitério, na continuação da Av. da Saudade.

Estrada de acesso ao assentamento Sumaré I[12].

O assentamento possui uma agrovila com 26 lotes de moradia de 3 000 m^2 cada uma e uma área de uso comum onde se situam a escola, também utilizada como centro comunitário e igreja; um barracão para abrigar máquinas e servir de armazém; um terreno para secagem de grãos e um campo de futebol; um bar e uma igreja evangélica, construída no terreno de um dos assentados.

12. Foto tirada por uma jovem assentada.

Vista aérea[13] da agrovila.

Escola

13. Foto tirada por um jovem assentado, de cima da caixa-d'água.

Campo de futebol

Origem dos sujeitos

Durante o período da pesquisa, a comunidade desse assentamento era formada em sua maioria por migrantes do Paraná e das regiões Norte e Nordeste, como mostra o quadro[14] abaixo:

Estado	AL	BA	CE	MG	PR	PE	SP	SE
freq.	2	2	3	2	7	2	6	1

14. O estado indicado não se refere ao local de nascimento, mas sim ao local onde passaram a maior parte de suas vidas.

Devido à rotatividade, esse levantamento não caracteriza o início de formação desse grupo, que atualmente já se modificou. Essa rotatividade das famílias impõe a formação de novos grupos, porém constituídos por dois subgrupos: o dos que participaram de todo o processo desde a ocupação e o dos que entraram ao longo dos anos por conseqüência da rotatividade. Diante disso, perguntamos: O que caracteriza um determinado grupo? Isto é, o que faz com que uma reunião de pessoas com origens e biografias diferentes constituam um grupo?

Sem a pretensão de fazer um trabalho de representação social, buscaremos a seguir apenas identificar alguns elementos representativos para sua composição e afirmação. O caminho escolhido para isso foi o resgate histórico da formação do grupo, por meio de narrativas e de outras pesquisas realizadas com seus participantes, em especial com os que participam do grupo desde o processo de ocupação.

Do grupo histórico: a busca de alguns elementos identificadores

O assentamento Sumaré I caracteriza-se por ser um movimento de homens, os quais migraram do campo para a cidade em busca de melhores condições de vida e de trabalho, uma vez que no campo encontravam-se em situação difícil, pela baixa remuneração, péssimas condições de trabalho — quando encontravam algum — e falta de financiamento para os que eram pequenos proprietários de terra.

Porém, a dificuldade de adaptação ao tipo de trabalho, os baixos salários e a crise no final dos anos 1970, com demissões em massa pelas indústrias, levaram à formação de um contingente de pessoas insatisfeitas e em dificuldades. Paralelamente a esse cenário, que afetava todos os brasileiros, ou, pelo menos, a maioria dos trabalhadores brasileiros, a CPT (Comissão Pastoral da Terra), com idéias mais "revolucionárias", passou a ter uma influência marcante em relação a muitos desses trabalhadores de origem rural e, na sua maioria, com forte tradição religiosa. Associados a isso, temos no quadro político alguns partidos de esquerda, em especial o PT, e o início de uma organização de camponeses que culminou no Movimento dos Sem Terra. Juntas, essas forças transformaram o cenário social e político das décadas de 1980 e 1990 no que diz respeito à reforma agrária.

Apesar das influências sofridas pelo PT e pelo MST, o grupo constituído no assentamento Sumaré I é fortemente influenciado pela Igreja. Foi a partir de reuniões da CEB (Comunidade Eclesial de Base), de estudos bíblicos, que esse grupo começou a vislumbrar a possibilidade de voltar a trabalhar na terra.

> ... Então a própria leitura que a genti lia na Bíblia, ela já oferecia assim, uma esperança, uma luz, e o povo então se une [...]. Então aquela leitura que a gente fazia, fazia do livro do Êxodo, Gênesis e otro livros da Bíblia, fez com que a clarear [...] e então aí descobri uma forma de como encontrar essa tal de reforma agrária que já existia nas lei, no papel e tudo, mas não existe na prática. E foi isso que fez a gente se uni! (João Lourenço).

Quando iniciaram a luta pela terra, eles moravam no centro urbano, na região de Sumaré-SP, e participavam ativamente da igreja do bairro. Calixto começa nos contando sobre sua participação na CEB. Na época, ele morava na periferia de Sumaré e trabalhava em uma empresa na região, como "carregador de sacos".

> ... lá na CEB a gente celebrava bastante, a gente cumeçô a reivindicar. O quê? Passarela, porque morria muita gente na pista; a gente cumeçô a reivindicá rua mió porque a ambulância não entrava nu causo de uma pessoa tá morrendo na cama. E aí enton a gente foi reivindicando a semente, entendeu, da vida na CEB, nóis junto com argum padre. Mais o padre que tava, deixava que a gente descobria, deixava que a gente falava. Padre foi um instrumento, entendeu?

Assim, a CEB propiciou um espaço onde processos comunicativos/pedagógicos se tornaram possíveis. Essas reuniões possibilitaram aos sujeitos se conhecerem e se identificarem, rompendo a atitude silenciosa que uma pseudodemocracia impunha-lhes. Esse processo reivindicatório associado à leitura bíblica foi um dos caminhos que possibilitou a identificação desses sujeitos como grupo e possibilitou-lhes perceberem-se coletivamente.

> Quando a gente busca u instrumento de libertação, aí a gente não qué buscá pra gente só, a gente qué buscá pra gente e mais gente, aí a gente entra naquelas palavras de Jesus Cristo — "Ele vinha tocando cem oveia e Ele contô tinha 99, fartava uma. Ele deixô aquelas e vortô pra conquistá aquela uma". Aí vem também nessa época o Frei Leonardo Boff, mais com a Teologia da Libertação [...]
>
> Aí foi uma currida longa, foi uma currida bíblica, foi uma currida política é, nois discutiu o religioso e político, nois criemo o PT em Sumaré, é Partido dos Trabalhadores em Sumaré porque um padre, na época, passava uns "slaids" aonde a gente discutia fé e política. [...] Não é uma política assim safada, mais uma política onde todo mundo tem voiz e tem veiz.

Tarelho (1988), ao analisar a influência dessas reuniões para este grupo, afirma que a intervenção dos "assessores" nas discussões era fundamental para uma análise crítica de suas situações, ou seja:

> [...] os textos bíblicos consagrados ao Êxodo, interpretados a partir de uma visão político-religiosa, ajudaria os trabalhadores a tomar consciência da comum situação de opressão e a se identificarem como grupo (p. 132).

Segundo Calixto, as partes da Bíblia mais significativas são:

> O Senhor disse: Eu via a aflição do meu povo que está no Egito, e ouvi os seus clamores por causa de seus opressores. E desci para Oliveiras da mão dos egípcios e para fazê-lo subir do Egito para uma terra fértil e espaçosa... (Êxodo, 3, 7-8).
>
> Como Criador e Senhor é Deus que tem o poder de definir o uso e a destinação da terra. Desde o início ele a entregou aos homens para que a submetessem e dela tirassem o seu sustento (Gênesis, 1, 23-30).

Assim, esse grupo identificou-se primeiramente com essa concepção de terra natural, como dádiva de Deus, o que os legitimou a exigir, como direito, o uso comum, e passou a criar espaço de luta e, politicamente, iniciaram reivindicações de terras para algumas ocupações na região de Campinas por intermédio da organização conjunta das CEB de Campinas, Sumaré e Nova Odessa.

As influências do fazer cotidiano no contexto escolar

O universo dos assentados na cidade de Sumaré (SP) gira em torno do trabalho agrícola, ou seja, as pessoas caminham pela agrovila num intenso fluxo entre idas e vindas da roça. Em meio à multiplicidade de falas, ouvimos conversas sobre financiamentos, preços das verduras, reparos e manutenção de tratores e bombas, despesas em geral, orçamento visando à construção da igreja local, expectativa e organização do calendário das missas ou cultos, festas, assembléias e aulas, e até mesmo problemas pessoais mesclados com os mais efervescentes acontecimentos programados pela economia cultural dominante, sobretudo aqueles veiculados pela TV.

Esse cotidiano mostrou-se, então, como um lugar onde os indivíduos do grupo compartilham saberes, códigos de conduta, crenças, valores, enfim, como uma realidade interpretada e subjetivamente dotada de significados atribuídos pelos que a vivenciam. Nesse sentido, a realidade passa a ter uma relatividade social, ou seja, o que é real para um assentado pode não ser real para o latifundiário ou para o pesquisador.

Ademais, a cultura de um grupo, revelada a partir de seu contexto vivencial, apresenta-se como um sistema de representação social de valores, normas ou referências, que se transforma no "fazer" do grupo. Essa dinâmica tem a ver com os significados socialmente construídos por meio das interações entre os indivíduos e entre diferentes grupos.

Paes (1995) argumenta que a vida cotidiana seria impossível se os indivíduos não se orientassem por signos preestabelecidos, ou melhor, se não compartilhassem determinadas representações sociais ou regras de comportamento, pois a norma não representa simplesmente o que freqüentemente se faz, mas o que se deve fazer.

Acreditamos, portanto, que para se compreender o saber presente na vida cotidiana não se deve olhar apenas para a multiplicidade de usos e entendimento dos diferentes tipos de saber, mas também para os processos pelos quais esse saber chega a ser socialmente estabelecido como "realidade". É nesse sentido que buscaremos, a seguir, analisar a prática da "fabricação de copinhos".

A intenção será a de indicar as possibilidades pedagógicas desse fazer, bem como mostrar que ao partir do cotidiano é-nos impossível analisar as questões de modo disciplinar; o cotidiano nos impõe situações que só podem ser abordadas de modo complexo e abrangente, ou, no dizer de D'Ambrosio, quando se referem a temas presentes em nosso cotidiano:

> Meio ambiente e saúde, bem como empregabilidade e violência, são temas que escapam ao tratamento disciplinar, multidisciplinar e mesmo interdisciplinar. São temas transversais, que só podem ser abordados segundo uma visão holística e num enfoque transdisciplinar (D'Ambrosio, 1999, p. 104).

A pesquisa sobre a confecção dos copinhos

O cotidiano mostra situações dos mais variados tipos. A situação que a seguir iremos relatar foi selecionada devido à freqüência com que aparece no dia-a-dia dos assentados, e à interação que ela proporciona com o cotidiano escolar. Cabe aqui ressaltar que iniciaremos nosso estudo pela pesquisa de campo[15], buscando conhecer esse fazer específico e sua importância no contexto vivencial do grupo.

Os "copinhos" são recipientes feitos com jornal nos quais os agricultores preparam as mudas que serão plantadas mais tarde nas lavouras. O preparo das mudas é o primeiro passo no ciclo do plantio. As mudas podem ser preparadas em estufas com copinhos de isopor e na própria lavoura com copinhos de jornal, que podem ser confeccionados pelo grupo ou adquiridos no comércio local.

15. Essa pesquisa contou com a participação do professor Eduardo Sebastiani Ferreira, que, na condição de orientador, discutiu-a com sua autora.

Uso dos copinhos

A fabricação local de copinhos representa um fazer do grupo; ela é uma atividade comum a todos, independentemente da procedência geográfica. Os assentados vindos de diferentes estados (PR, MG, PE, MT, BA...) fazem ou já fizeram recipientes para o preparo de mudas, confeccionando-os com folhas de jornal.

Caixas de isopor onde foram preparadas as mudas.

Entretanto, atualmente, essa prática vem sofrendo significativas transformações, haja vista a aquisição de copinhos manufaturados por um preço bastante acessível e o uso de caixas de isopor, usadas em estufas, ambos comercializados no mercado citadino.

Em geral, os copinhos produzidos pelo grupo são confeccionados em padrões técnicos semelhantes, independentemente da família que os faz: enrola-se o jornal num tubo de PVC de 2 polegadas, mede-se (com o olhar) mais ou menos 7 cm de altura e corta-se, ou utilizam-se as ripas do fundo de certo tipo de caixa de madeira como unidade de comprimento para o corte dos copinhos.

Na verdade, esse é o tamanho ideal para o preparo de mudas de algumas culturas, como tomate, couve-flor, dentre outras. Já para berinjela, por exemplo, a altura deve ser de 12 cm, como nos esclarece Carlinhos: "... o copinho de tomate é 7 cm, o de berinjela já é 12 cm [...] é 12 cm por 7 cm de largura[16]".

Existe, no entanto, o emprego de variações técnicas quanto à confecção dos copinhos. Alguns preferem com, e outros sem fundo. É o caso dos "batateiros"[17], que preferem fazer os copinhos com fundo. O Sr. Calixto tem a mesma opinião, dizendo que os copinhos com fundo são melhores, pois evitam o derramamento de terra durante o transporte para o cultivo permanente. Contudo, o Sr. João do Pito e seu filho Carlinhos preferem os copinhos sem fundo. Carlinhos argumenta que, na ocasião do plantio, o correto é retirar o fundo para facilitar a penetração da raiz no solo.

Temos, portanto, um quadro de opiniões e preferências contraditórias no interior do próprio grupo.

Todavia, além dos grupos que mantêm as opiniões acima citadas, existem os que preferem adquirir o produto no mercado varejista, alegando não só as favoráveis condições de custo, como o aproveitamento do tempo em outras tarefas que não a artesanal.

16. O uso do termo "largura" é para referir-se ao diâmetro dos copinhos.

17. Família que planta batata-doce e que é muito conhecida no assentamento, pois trabalham individualmente e numa estrutura bastante patriarcal.

Diante dessa pluralidade de opiniões, na época, o Sr. Calixto propôs que as crianças assumissem o trabalho de fazer os copinhos e que as famílias do assentamento passassem a consumir tais mercadorias.

O Sr. Calixto justificava sua proposta alegando que geralmente as crianças já participam dessa atividade, porém, sem qualquer tipo de remuneração. Além disso, elas passam grande período do dia sem qualquer atividade, geralmente assistindo à TV. Do ponto de vista do Sr. Calixto, esta seria uma oportunidade para elas aprenderem a se organizar e a trabalhar coletivamente, conforme registro esclarecedor que se segue:

> ... Ah! A criançada fica di tarde tudo à toa, só qué sabê de vê televisão, ..., aí enton, tem que fazê arguma coisa, e os copinho eles tudo já sabe fazê e pode ganhá um dinherinho... aí tudo a criançada vai querê fazê.

Dessa forma, estabelecida a configuração problemática, o Sr. Calixto e alguns outros que apoiavam sua proposta passaram a questionar: Quais crianças estariam dispostas a participar? Como, então, organizá-las? As famílias aceitariam estabelecer uma espécie de comércio para comprar o produto do trabalho das crianças? As que atualmente não compram, aceitariam comercializar com o grupo de crianças? Qual seria o valor dos copinhos? No que se refere ao modelo dos copinhos, deveriam ou não possuir fundos? Por último, acreditamos ser fundamental acrescentar a delicada questão do trabalho infantil, às vezes usado no assentamento.

Passemos, então, ao aprofundamento da análise da presente situação. Em primeiro lugar, desenvolveremos uma análise sobre o uso e a confecção dos copinhos pelo grupo, procurando destacar as relações matemáticas embutidas nesse saber-fazer. Logo em seguida procuramos refletir sobre a proposta do Sr. Calixto.

Confecção dos copinhos

A quantidade de copinhos é definida pela quantidade de mudas da cultura com que pretendem trabalhar, como tomate, couve-flor, berinjela e outras. Essa quantidade, por sua vez, depende da área e do dinheiro de que dispõem para plantar, conforme nos informou Carlinhos: "Vô plantá 1/2 hectare, então dá... 6 000 muda de tomati [...] o custo a gente num custuma marcá, mais é mais ou menos R$ 1,00 por pé". Já o seu pai, o Sr. João do Pito, considera um custo menor por pé, isto é, "pra plantá os 14 000 pé, preciso de uma reserva de um R$ 5.000,00 pro custo da plantação e pra família".

A justificativa do Sr. João do Pito é que a reserva é para iniciar a plantação, mas que, à medida que o tomate cresce e vai sendo vendido, o dinheiro que entra é usado para custear as mudas que ainda estão crescendo. Ele confirma, no final da conversa, o valor colocado por Carlinhos: "É, no final é mais ou menos R$ 1,00 por pé".

Uma vez definida a quantidade de copinhos de que necessitam, procuram indicar a quantidade de jornais que irão utilizar. Para isso, utilizam o volume, ou melhor, a altura da pilha de jornal, conforme esclarece Carlinhos: "Ah! Cada jornal dá 9 copinho, 6 000 pede um monte de 45 a 48 cm (indicando a altura com a mão), mais ou menos, [...] às veiz sobra e às veiz falta". Cabe aqui ressaltar que, ao se referir a jornal, Carlinhos quer dizer uma folha de jornal, e a pilha de jornal não é alinhada, estando os jornais dobrados com três e alguns com quatro dobras.

A quantidade de cola que utilizam para colar os copinhos é estipulada a partir dos seguintes critérios: "A cola é de água e trigo; mais ou menos 100 grama de trigo para 1/2 litro de água; pra 6 000 copinho precisa de 4 receita". Para confeccionar os 6 000 copinhos, em duas pessoas, eles estimam umas 16 horas de trabalho.

Nessa descrição feita por Carlinhos e pelo Sr. João do Pito, percebemos que, na prática diária, eles trabalham estimando medidas despreocupados com resultados rigorosos, mais ou menos é suficiente.

Com relação à linguagem que utilizam, cabe ressaltar que durante o relato as medidas lineares (metro), de superfície (m^2) e de volume (m^3) são diferenciadas pelo contexto, uma vez que sempre se referem ao termo metro, independentemente de tratarem de distância, superfície ou volume. Quando envolvidos com as medidas de superfície, fazem uso, também, do termo "hectare". É interessante ressaltar que isso não causa, no grupo, nenhum problema de comunicação. Por exemplo, num determinado momento, Carlinhos nos diz que dispõe os 6 000 copinhos em 20 m de terra. Isso, na verdade, significa que ele utiliza 20 m^2 para dispor as 6 000 mudas que estão plantadas nos copinhos.

É também interessante o modo como se estabelece a relação entre a quantidade de jornais e o volume. A altura é fundamental: essa relação área/volume é utilizada de forma intensa por eles. Numa das situações de fala, um assentado, abstratamente, sabia a quantidade de esterco suficiente para toda a roça, tendo como referência apenas a altura que alcançava o referido material depositado num determinado local, ou melhor, apenas fazendo uso da visão, associada a critérios outros de inteligência, ele era capaz de inferir a quantidade de esterco aproximada exigida pela terra.

Aprendendo a fazer copinhos

Fazer o copinho exige vários conceitos matemáticos, como o de área, diâmetro e altura do cilindro para a escolha do melhor tamanho. Esse tamanho também se modifica em função daquilo que é plantado: "o copinho pro tomate é 7 por mais ou menos 4, sem fundo, é o cano de 2 polegadas; já pra berinjela é 12 × 7, sem fundo" (Carlinhos).

Quando pedimos explicações sobre como fazer um copinho, um entrevistado, surpreso, exclamou: "é assim, ó!..." e nos mostrou alguns elementos, conforme a seqüência de fotos a seguir procura ilustrar:

O Sr. João do Pito enrolando o jornal no cano.

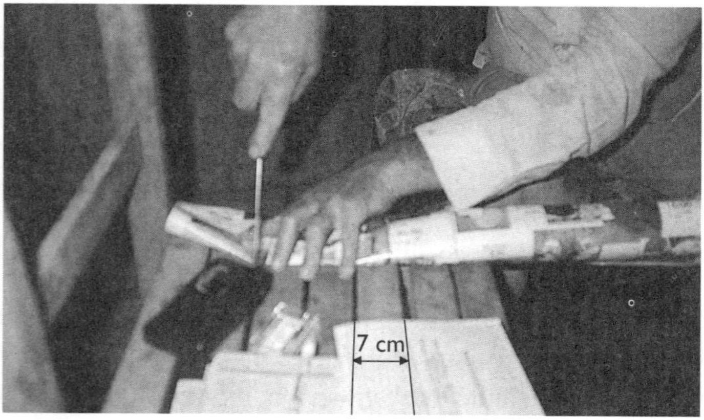

O Sr. João cortando os copinhos na caixa.

É interessante notar que, ao nos ensinar, o Sr. João usou um raciocínio algorítmico, do tipo primeiro faz assim, depois assim, ou seja, indicou passos a serem seguidos.

As fotos indicam que a forma de usar o papel é no sentido longitudinal. Isso visa exclusivamente otimizar a quantidade, conforme nos disse Carlinhos: "A gente faiz com o papel assim porque é mais prático e faiz parte da economia porque sai mais cumprido".

Ademais, o uso de uma caixa de madeira como dispositivo para cortar, além da praticidade no fazer, também permite a homogeneidade na altura e, conseqüentemente, um tratamento também homogêneo das sementes, ou seja, cada copinho receberá a mesma quantidade da mistura de terra, adubo e esterco, como nos informou o Sr. João do Pito: "A gente corta na caixa porque é mais rápido e sai tudo igual, a gente num faiz diferença com as muda".

Indagado sobre o porquê da altura do copinho de tomate, o Sr. João do Pito disse que era em função da largura da tábua da caixa (como indica a foto), pois isto facilita sua confecção; Carlinhos (seu filho) acrescentou que essa altura é mantida pelos copinhos feitos pela máquina.

A Sra. Nice (assentada que participou como monitora no curso de alfabetização) disse-nos que cortava os copinhos "a olho": "Ah! a genti corta a olho, né, assim, eles têm que cê do mesmo tamanho e quanto mais dé melhor". Ao verificar esse "a olho", percebemos que a altura era de aproximadamente 7 cm.

Ao questionar o Sr. Neno (assentado que planta tomates e assumiu a função de monitor do curso de alfabetização de adultos) sobre a altura do copinho, ele disse num primeiro momento não saber: "Ah! eu num sei não [...] é assim que faiz, sempre foi assim...".

Após algum tempo pensando, ele retomou a questão e disse: "Aquele negócio lá do copinho, acho que o tamanho é porque com 7 cm dá pra fazê mais..."

Depois de alguns dias voltamos ao assentamento e ele falou:

> Fiquei pensando nos copinhos [...] se fosse mais curto ia dá pra fazê mais, ia sê mais proveitoso, mas depois pensei di novo e acho que se fosse mais curto, até a muda ficá no tamanho certo, a raiz ia entrá no chão e o copinho ia ficá muito froxo também.

O Sr. Neno, refletindo sobre a questão, tomou "consciência" de seu fazer e encontrou uma explicação para a altura do copinho. Ele concluiu que uma altura menor não daria consistência ao copo, que ficaria frouxo; além disso, a raiz atingiria o solo dificultando a retirada da muda para o plantio definitivo no canteiro.

Esse fazer prático mostra-se, então, para nós, como um conjunto de esquemas de operações, destituído de um "discurso" formal, sistematizado, ou seja, ele não depende de elucidação verbal, ou mesmo de cálculos formais sobre a área do papel, o volume dos copinhos, a quantidade de folhas de jornal necessária etc. Dessa forma, este fazer torna-se uma prática silenciosa, uma prática "não-discursiva", é um saber que dá certo e o porquê de dar certo parece não ser relevante.

Segundo Certeau (1994), o discurso científico, ao aceitar somente práticas discursivas expressas exclusivamente na linguagem científica (e essencialmente escrita), coloca as outras (práticas não-discursivas) numa situação de inferioridade, ou seja, sabota a arte de fazer, colocando-a à espera de uma teoria que venha sistematizá-la futuramente.

Nesses termos, a problemática gira em torno da distinção entre o saber legitimado (científico) e o não legitimado (práticas não-discursivas) estabelecendo-se entre eles uma relação de poder e valoração, ficando o segundo numa situação de opressão e inferioridade.

No caso específico dos copinhos, nosso objeto de estudo, este tipo de fazer é considerado inferior pelos próprios agricultores, que não identificam nele nada de especial, visto que, socialmente, o fazer prático não é considerado importante, não goza de *status*, é uma perda de tempo. Para alguns, é melhor comprar e ocupar o tempo para fazer copinhos com outras atividades.

Entretanto, apesar do descrédito social atribuído a essas práticas não-discursivas, elas permanecem presentes pela utilidade.

Essa resistência do fazer prático, além do menosprezo social que lhe é imposto por não possuir uma forma discursiva nos moldes institucionais formais, sofre uma segunda opressão, a da tecnologia, que, ao programar máquinas para fazer, impede o próprio fazer humano. Assim, essa arte manual, destituída de discurso, fica privada do próprio *fazer*, que passa a subordinar-se à própria tecnologia, como argumenta Certeau (1994):

> A otimização técnica do século XIX, indo inspirar-se no tesouro das "artes" e "ofícios" para criar os modelos, pretextos ou regras obrigatórios para suas invenções mecânicas, deixa às práticas cotidianas apenas um solo privado de meios ou de produtos próprios. Ela o constitui em região folclórica ou em uma terra duplamente silenciosa, sem discurso verbal como outrora e agora sem linguagem manual (p. 141).

Nessa perspectiva, fazer copinhos pode ser entendida como uma prática oprimida duplamente: pelo desmerecimento imposto ao fazer manual e por estar em via de extinção por causa da industrialização. Por outro lado, notamos a ocorrência de um foco de resistência, representado pela proposta do Sr. Calixto, vislumbrada por um tipo de astúcia que permite ver a possibilidade de continuidade desse tipo de saber-fazer — não como algo eterno, mas como uma ocupação e fonte de renda para as próprias crianças do assentamento, que consomem, segundo o Sr. Calixto, grande parte do tempo assistindo à televisão ou, até mesmo, buscando trabalho fora do assentamento.

Supomos que retomar esse fazer com as crianças possibilitaria a sua recriação noutros moldes, para o grupo. Assim, além de criar atividade e fonte de renda para as crianças, esse conhecimento do grupo seria reorganizado, segundo critérios de ordem social e econômica estabelecidos pelo grupo, que fariam essa arte adquirir um novo valor social, opondo-se frontalmente ao processo de destruição à qual a arte artesanal vem sendo submetida.

Essa discussão sobre a opressão do saber-fazer indica uma questão mais ampla, relacionada com o fenômeno da globalização, em que a tecnologia "unifica" ou pretende "unificar" os fazeres: qual o limite da globalização, ou seja, até onde as pessoas suportarão a imposição da tecnologia aos seus conhecimentos, ao saber-fazer que, imbuídos de valores, sentimentos e respeito à tradição, não possuem nem linguagem formal e veracidade no sentido científico, nem a habilidade e velocidade das máquinas?

Diante de tais argumentações, perguntamos: Como levar o "saber-fazer" para a sala de aula? Qual aspecto do tema escolhido problematizar?

O saber-fazer, como pudemos perceber, vem imbuído de certezas que não são "dadas" pela ciência, mas sim por valores, tradições e respeito pelos que ensinam. Assim, tem uma "certeza emocional" confirmada pela experiência, diferente da "certeza científica" que, em geral, é passível de demonstração racional e matemática, apesar de, quando ensinada, também instituir valores emocionais, presentes na pessoa do professor.

Nesse sentido, em sintonia com as considerações traçadas até o presente momento, pensamos que um trabalho em sala de aula, atendendo a essa linha de pensamento, deve priorizar situações apresentadas pelo grupo sobre um determinado tema que esteja presente em seu cotidiano, mas não se limitando a ele, isto é, faz-se necessário problematizá-lo e projetá-lo à frente. Por exemplo, a situação anteriormente relatada esbarrou no não-consensual e levou o Sr. Calixto e outros, a quem a idéia agradava, a saber mais sobre a posição do grupo, isto é, quais famílias eram e quais não eram favoráveis à sua proposta; qual a opinião das crianças a este respeito; quais crianças estariam dispostas a participar; como; qual a viabilidade financeira dessa proposta; como organizar as crianças etc. Assim, a relevância desse tema na escola, no nosso ponto de vista, estaria além de um problema matemático a ser modelado; constituir-se-ia numa questão inserida num contexto e, portanto, imbuída de significado para o grupo, sendo, então, essencial ser discutida em sua totalidade e avaliada em suas diferentes possibilidades.

Assim, o encaminhamento dessa questão em sala de aula, conforme sugestão do próprio Prof. Neno, que nos acompanhou em algumas entrevistas, deveria ser por meio de uma pesquisa estatística e de um planejamento para saber o custo e a viabilidade financeira envolvidos.

> Ah!, acho que a gente deve primero ensiná fazê aquelas pesquisas, só num sei se isso num é muito complicado pra eles, e depois a gente fáiz as contas pra vê se é um bom negócio, qué dizê, se a turma concordá, né? Porque se ninguém quisé, num tem por que fazê as conta né?

Esse professor indica um critério para nós essencial, isto é, do interesse, não como motivador de aprendizagem, mas como aquele que, por sua pertinência, não se apresenta como um conteúdo informativo de uma teoria, mas sim como uma atitude reflexiva dos que a elaboraram como proposta, e a re-elaboraram, como processo de aprendizagem e encaminhamento. Conforme diz Habermas (1990):

> ... o interesse, guia do conhecimento, determina a função do Ego no seu processo adaptativo às condições externas de existência que permeia sua formação no contexto comunicativo da vida social, construindo uma identidade oriunda do conflito entre as pretensões impulsivas e a coerção do social. Tais pretensões são sublimadas na força produtiva acumulada de uma sociedade, na tradição cultural com que uma sociedade se autodefine e nas formas de legitimidade aceitas ou rejeitadas pela própria sociedade (p. 309).

Com relação aos cálculos de volume, área do papel que, geralmente, revelam-se a nós, professores de matemática, como o caminho a seguir, acreditamos nesse caso não ser relevante, pois isso não é necessário para a confecção dos copinhos e, portanto, pode não ser uma questão do grupo. Optar por este caminho é colocar um "discurso científico" num saber "não-discursivo", ou seja, estaríamos considerando este saber como "gatas borralheiras", como diz Certeau:

> ... embora reconhecendo ali um saber que precede os eruditos, procuram destacá-lo de sua "linguagem imprópria", inverter em um discurso "próprio" a expressão errônea das "maravilhas" que já estão presentes nos inúmeros tipos de saber-fazer cotidianos. Todas essas Gatas Borralheiras, a ciência há de transformá-las em princesas. O princípio de uma operação etnológica sobre essas práticas já se acha então posto: o seu *isolamento social* pede uma espécie de "educação"

> que, graças a uma *inversão lingüística*, vai introduzi-las no campo da escritura científica (p. 138).

Isso não significa que esta parte mais geométrica não seja interessante de ser desenvolvida com o grupo; porém, poderia ser feita por outro caminho ou a partir de outro tema, ou, ainda, como conseqüência de discussões emergentes ao longo do trabalho, cabendo ao professor instigar, questionar o que parece definitivo e aparentemente sem problemas, como, por exemplo, a questão da altura do copinho aqui citado.

Entretanto, por muitas vezes, colocamo-nos a seguinte indagação: As questões que, por algum motivo, não emergirem no grupo ou não forem relevantes devem deixar de ser discutidas na escola? Depois de algum tempo, percebemos que não se trata de responder a essa questão, mas sim modificá-la, ou seja: Quais questões são relevantes para serem discutidas na escola? Quais critérios devemos estabelecer para isso?

A situação aqui analisada não responde às questões acima, até porque não acreditamos que estas devam ser respondidas de forma definitiva. Mas devem sim exigir de nós, professores, um constante refletir sobre elas. Entretanto, a situação "confecção de copinhos" indica alguns aspectos para nós fundamentais nesse processo de escolha de "questões relevantes".

Fazer escolhas não é algo simples, optar por uma direção a seguir, diante da diversidade de caminhos que uma situação nos possibilita, significa ter projetos, aspirações. Assim, a orientação pedagógica de um professor é o reflexo de suas crenças, de seus valores, esteja ele consciente disso ou não. Conforme diz Machado (1998): "Projetos e valores são os protagonistas do processo educacional. Constituem um par fundamental, inerente ao significado mais profundo da Educação..."

Na perspectiva da Etnomatemática, os valores devem estar vinculados a uma postura de compromisso, não apenas com o saber institucional ou local, mas um compromisso de articulação entre os projetos individuais e coletivos dentro do grupo. Cabe ao professor ter um comprometimento político e social, cabe ao professor ter competência técnica, isto é, domínio dos conteúdos, e postura tolerante, no sentido indicado por Machado (1998):

> A idéia de tolerância funda-se no reconhecimento da existência do outro que, como eu, ocupa um espaço, tem direitos e deveres, mas é essencialmente diferente de mim. [...] trata-se de respeitar o outro como diferente de mim, sem procurar dissolvê-lo em minhas análises, situá-lo em meu cenário, traduzi-lo em minha linguagem. Trata-se de valorizar suas perspectivas, de reconhecer a existência de cenários diferentes do meu, de colocar-me em disponibilidade para comunicar-me com ele, ainda que continuemos a falar línguas diferentes, a alimentar projetos diferentes (p. 49).

Tal postura deve proporcionar a alunos e professores diferentes olhares sobre uma mesma realidade — o que oferece a ambos a possibilidade de refletir e de compreender diferentes práticas e procedimentos e, também, de se apropriarem de novos elementos, permitindo aos grupos, até então calados, eleger qual procedimento ou destino seguir.

Então, a escolha de qual aspecto trabalhar em sala de aula necessariamente deve ser uma escolha pautada nos projetos do grupo, em projetos que articulem as aspirações sociais e individuais e busquem a transformação (conceito básico da educação) a partir do comprometimento com a realidade vivida e, portanto, com o cotidiano do grupo (alunos e professores), ou seja, é necessário que o professor olhe para seus alunos como seres humanos que sonham, que possuem desejos e que esses sonhos e desejos são frutos de sua forma de se relacionar com o mundo, com o entendimento que possui dos símbolos que constituem o seu universo sociocultural.

Ferreira (1995) argumenta sobre a importância de resgatar a história de vida de nossos alunos, não para derrubá-la em nome de um saber escolar dominante, nem para estratificá-la temendo deturpá-la diante de novos elementos; mas, ao contrário, resgatá-la e apresentar-lhe novos elementos que venham a valorizá-la e integrar-se harmoniosamente aos saberes já existentes, isto é, "estes elementos novos, que lhe serão ensinados, devem realçar e valorizar os antigos" (p. 48).

Assim, cabe-nos agora analisar como essa compreensão do real pode possibilitar um fazer pedagógico no contexto escolar.

As possibilidades pedagógicas

Esse trabalho inicial nos fez perceber que a questão dos copinhos era algo que no momento da pesquisa estava sendo problematizado pelo grupo. Caberia assim, num contexto escolar, iniciar o trabalho com as crianças com uma pesquisa de campo, ou seja, prepará-las para pesquisarem sobre esse fazer e problematizar essa situação, discutindo quais crianças sabem fazer, quais ajudam seus pais, como seus pais fazem, quais compram, quanto pagam, por que resolveram comprar.

Essa discussão inicial pode gerar outras questões aqui não levantadas. Após esse início, as crianças devem ser preparadas para fazer a pesquisa de campo, entrevistando os pais, relatando as pesquisas, fazendo uma pesquisa estatística sobre a proposta do Sr. Calixto de as crianças fazerem esse trabalho, o qual seria comercializado dentro do próprio assentamento.

Essa proposta tem em sua essência uma questão muito importante, que é o trabalho infantil. Essa temática foi investigada e percebemos que no assentamento, onde muitas crianças ajudam seus pais no trabalho, essa relação das crianças com o trabalho tem outro valor, pois elas acham divertido ir para a roça, e os pais consideram isso mais como um momento de aprendizado do que uma questão econômica.

Essa pesquisa de campo nos remete a muitos assuntos e possibilita vários encaminhamentos dentro do contexto escolar. Esse relato nos remete a vários temas e questões como, por exemplo, o trabalho infantil. O que diz a legislação sobre o trabalho infantil? Qual o significado do trabalho infantil para o grupo? E para as crianças? A temática do trabalho infantil é bastante complexa e pode ser discutida com as crianças, mas principalmente deveria ser pauta de discussão da comunidade. Além dessa questão, temos os aspectos biológicos, como: Por que não se deve plantar a semente direto na terra? Que tipos de fertilizantes e agrotóxicos são usados nesse plantio? Qual a proporção? Quais os riscos para a saúde? É possível fazer o plantio sem o uso de agrotóxicos? Como? Quais as vantagens e desvantagens? Qual a melhor época para o plantio do tomate? Qual a estrutura do pé de tomate: raiz, caule, folhas... Qual o custo do plantio? Com relação aos copinhos, pode-se perguntar: Qual o custo dos copinhos? O que é mais vantajoso: usar copinhos de isopor em estufas ou plantar em copinhos de jornal direto na lavoura? Por quê? Qual a variação de custo? Qual a área necessária para se construir uma estufa? Qual a variação de tamanhos entre os copinhos de jornal feitos no assentamento, os de jornal industrializados e os de isopor? Carlinhos disse que duas pessoas gastavam 16 horas para fazer 6 000 copinhos; se fossem 3 pessoas, quantas horas gastariam para fazer 6 000 copinhos, ou quantos copinhos fariam em 16 horas de trabalho? Qual a opinião do grupo sobre a proposta de Calixto? Os pais estariam de acordo? E as crianças, o que pensam dessa proposta? Há também o aspecto geométrico dos copinhos que podem ser explorados, caso o assunto passe a ser relevante.

Proposta de atividades

As atividades que iremos propor são sugestões de encaminhamento da pesquisa de campo. Esse trabalho é posterior à escolha do local ou assunto a ser pesquisado. Após essa pesquisa, cabe ao professor, conjuntamente com os alunos, escolher as questões mais específicas que pretendem investigar.

Atividade 1

a) Título: preparando a pesquisa de campo.

b) Objetivo: discutir com os alunos a importância da pesquisa e prepará-los para realizá-la.

c) Local para a realização da atividade: sala de aula.

d) Materiais necessários: fotos, documentos, artigos de jornais, enfim, materiais diversos relacionados com o local da pesquisa.

e) Tempo previsto: 4 horas-aula.

f) Descrição do trabalho a ser desenvolvido: levantar com o grupo o que conhecem do local ou do assunto a ser pesquisado. Quais questões possuem sobre o assunto?

   Nesse momento, incentivar os alunos a discutirem diferentes posicionamentos, e divididos em grupo devem fazer um relatório contendo as informações e questões iniciais que possuem sobre o tema ou local a ser pesquisado.

g) Possíveis ligações com as demais áreas: como já é possível perceber, tanto questões históricas como sociais e econômicas se entrelaçam. É quase impossível desenvolver esta atividade sem discutir uma série de situações que estão além da matemática, e que discutidas separadamente tornam-se questões sem sentido.

Atividade 2

a) Título: pesquisa de campo.

b) Objetivo: preparar os alunos para fazer entrevistas.

c) Local para a realização: sala de aula.

d) Materiais necessários: caderno, lápis.

e) Tempo previsto: 2 horas-aula.

f) Descrição do trabalho a ser desenvolvido: levantar com os alunos quais as questões que eles gostariam de fazer aos futuros entrevistados. Após listar diversas questões, orientar os alunos quanto ao trato com as pessoas: como entrevistar e, se tiverem levado gravadores e câmeras fotográficas, instruí-los a pedir permissão para usá-los. Os alunos que não tenham levado gravador devem ser orientados sobre como fazer suas anotações.

   É importante ressaltar com os alunos que as questões constituem um roteiro e que durante as entrevistas outras questões podem surgir e que estas podem ser acrescentadas.

Atividade 3

a) Título: transcrição e análise da pesquisa.

b) Objetivo: organizar o material levantado.

c) Local para a realização: sala de aula.

d) Materiais necessários: material escolar e o material usado nas entrevistas.

e) Tempo previsto: 8 horas-aula.

f) Descrição do trabalho a ser desenvolvido: o ideal seria que os alunos que usaram gravadores transcrevessem as entrevistas; porém, por ser um trabalho muito cansativo e em se tratando de crianças, o ideal é pedir que elas ouçam as fitas e façam um relatório sobre o seu teor. É conveniente ouvir também as fitas e discutir os relatórios com os grupos. Como cada grupo de alunos deve ter entrevistado um grupo diferente de pessoas, eles devem fazer um relato aos colegas sobre o levantamento feito. É importante nesse momento procurar relacionar os pontos em comum e as divergências observadas nas entrevistas. É interessante também discutir as diferenças entre a linguagem oral e a escrita.

Atividade 4

a) Título: pesquisa estatística.

b) Objetivo: organizar um questionário para fazer uma pesquisa estatística.

c) Local para a realização: sala de aula.

d) Materiais necessários: jornais com tabelas e gráficos, papel, régua e lápis.

e) Tempo previsto: no mínimo 12 horas-aula.

f) Descrição do trabalho a ser desenvolvido: após as entrevistas, os alunos podem fazer uma pesquisa estatística observando aspectos mais específicos de interesse do grupo. É comum também acontecer o contrário, isto é, primeiro fazer o levantamento estatístico e depois as entrevistas. O professor deve analisar o que é mais adequado.

Na pesquisa estatística, o professor deve organizar com os alunos um questionário com questões que julguem importantes a serem respondidas, de acordo com o interesse da pesquisa.

Inicialmente, é importante discutir a necessidade ou não de fazer o levantamento estatístico e explicar a utilidade de organizar as informações por meio de tabelas e gráficos.

É interessante, nesse momento, o professor desenvolver algumas atividades de interpretação de gráficos e tabelas utilizando reportagem de jornais, revistas ou levantamentos feitos dentro da própria sala de aula com os alunos.

Atividade 5

a) Título: explorando conceitos estatísticos.

b) Objetivo: trabalhar alguns conceitos estatísticos, como população, amostra e fazer os alunos elaborarem um primeiro questionário, que deve ser testado.

c) Local para a realização: sala de aula e local de realização da pesquisa.

d) Material necessário: material escolar (lápis, caderno...).

e) Tempo previsto: 8 horas-aula ou mais.

f) Descrição do trabalho a ser desenvolvido: em sala, os conceitos iniciais devem ser trabalhados e o questionário, elaborado; fora do ambiente da sala de aula, os alunos devem aplicar o questionário e voltar para a sala de aula para analisá-lo.

Atividade 6

a) Título: analisando os dados.

b) Objetivo: organizar por meio de tabelas e gráficos os dados levantados.

c) Local para a realização: sala de aula.

d) Material necessário: lápis de cor, papel quadriculado.

e) Tempo previsto: 8 horas-aula.

f) Descrição do trabalho a ser desenvolvido: em sala, os alunos, reunidos em grupo, devem fazer a contagem do resultado de seus questionários e organizar esses dados em tabelas e depois em gráficos.

Inicialmente, questionar os alunos sobre como fazer esses gráficos, tentando ver se alguém fala ou se aproxima da idéia de escala. Distribuir o papel quadriculado para verificar se esse papel facilita a organização desses dados. Em seguida, sistematizar a idéia da representação gráfica, bem como sua construção.

Pode-se, nesse caso, alongar a atividade e explorar a idéia de média, moda, mediana, freqüência relativa e freqüência absoluta.

Após essas atividades, pode-se, conjuntamente com a classe, direcionar o trabalho de acordo com o interesse do grupo e dos resultados obtidos. É importante estar atento às diversas possibilidades que a pesquisa de campo possibilita e, na continuidade do trabalho, focalizar um dos aspectos de cada vez. É fundamental também garantir a sistematização dos conceitos envolvidos para que o trabalho não se limite a uma discussão diversificada mas superficial de uma determinada temática. Os conceitos envolvidos devem ser discutidos com profundidade, para que os alunos saibam aplicar esses conceitos em outros contextos.

5

Algumas Considerações

Um homem saiu de sua casa e descia o morro. Quando chegou a cerca de 300 metros da casa ele parou, voltou-se e olhou sua casa. Aí ele viu sua casa.

Chesterton

A Etnomatemática, ao longo deste livro, foi se configurando como uma alternativa educacional, que se contrapõe ao modelo que dissocia o conhecedor do conhecimento e do conhecido. Ademais, a Etnomatemática solicita um processo educacional que respeite o ser humano em sua totalidade, oferecendo-lhe escolhas conscientes e caminhos para traçar sua própria história, pois quando o homem constrói sua própria história ocorre uma espécie de libertação por meio da criatividade, pressupondo percepções e intuições localizadas. Para isso, entendemos que a educação deveria ser assumida como um projeto social, conforme propõe D'Ambrosio (1996):

> [...] é uma educação universal atingindo toda a população, proporcionando a todos o espaço adequado para o pleno desenvolvimento da criatividade desinibida, que, ao mesmo tempo que preserva a diversidade e elimina as iniqüidades, conduz a novas formas de relações intra e interculturais sobre as quais se estruturam novas relações sociais e uma nova organização planetária (p. 121).

Certamente, alguns dirão que tal proposta é utópica e abrangente demais; porém, o que seria do homem, e em especial do educador, se não nos fosse possível sonhar e acreditar que poderemos viver num mundo melhor e certamente diferente deste em que vivemos?

É a crença num mundo melhor que nos impulsiona a criar, a renovar. A Etnomatemática busca uma transformação das atuais relações do homem com o mundo. A partir dessa nova relação a ser estabelecida, do homem "com" e "no" mundo, novos paradigmas emergem em diversas áreas do saber e, portanto, essa nova concepção científica reclama uma "nova aliança" entre o homem e a ciência. Essa nova aliança pressupõe uma ciência vinculada às necessidades humanas impondo-se como "uma visão que propõe o estado de inter-relação e interdependência essencial de todos os fenômenos: físicos, biológicos, psicológicos, sociais e culturais" (Monteiro, 1995, p. 97) e, principalmente, matemático.

Nessa mesma direção, a Etnomatemática aponta, também, para uma compreensão do homem que contemple o corpo, os sentimentos, o intelecto e o espírito. Assim, a essência da proposta encontra-se em sua visão holística de homem, de ciência e de mundo. E é exatamente por isso que se torna tão difícil aceitá-la e praticá-la, pois vivemos em uma sociedade mecanicista compartimentalizada, não somente na escola, mas na nossa própria maneira de agir e pensar, apesar de toda a globalização conduzida, atualmente, pela mídia.

Ademais, nessa proposta de caráter holístico, a educação não terá como objetivo a preparação de homens competentes para o mercado de trabalho, mas homens com competências múltiplas que, além da técnica, também tenham a capacidade e a sensibilidade para aprender. Essa deverá ser a grande função da escola, ou seja, estimular o outro a experimentar o prazer em aprender. Isso exigirá do professor uma postura de pesquisador, isto é, daquele que se volta para o seu aluno buscando conhecê-lo e reconhecê-lo como parte integrante de um grupo social e cultural. Nesse sentido, educar é um ato de amor, conforme diz D'Ambrosio (1996):

> não há como negar as tensões inerentes ao processo educativo. Mas educar é um ato de amor. Um amor que se manifesta em não querer brilhar sozinho e tampouco sentir tensão com o brilho de um aluno que mostra saber mais que o professor (p. 85).

Da mesma forma, é um ato político; prossegue D'Ambrosio: "o conhecimento está subordinado ao exercício pleno da cidadania e, conseqüentemente, deve ser contextualizado no momento atual, com projeções para o futuro" (p. 86).

Longe de ser uma proposta romântica e limitada às questões culturais locais, o processo pedagógico dentro da perspectiva Etnomatemática orienta-se por questões propostas pelo grupo, e tem por objetivo problematizá-las e interpretá-las sob diferentes pontos de vista, inclusive sob aquele advindo da ciência formal. Assim, está implícito nesta visão que o processo de ensino-aprendizagem jamais poderá limitar-se ao fazer próprio do grupo, pois esse processo deverá possibilitar ao educando o acesso a diferentes leituras, interpretações e procedimentos de soluções, a respeito de um determinado tema e/ou problema. Desse modo, esse processo assume a forma helicoidal: inicia com propostas vindas do cotidiano e, depois, pela influência de novos questionamentos, chega-se a níveis mais abstratos. E é por esse aspecto que essa proposta se aproxima do conceito de transversalidade que aqui defendemos.

Desse modo, o papel do professor, como pesquisador, é fundamental, pois ele, conjuntamente com o grupo, é quem deverá escolher qual aspecto do cotidiano explorar. Ademais, essa escolha do tema já é uma opção. Esse processo é fundamental para a superação e a extrapolação das tensões geradas entre o saber-fazer do cotidiano e o saber escolar, geralmente imposto pelos currículos oficiais.

Diante disso, compreendemos a Etnomatemática numa perspectiva pedagógica, como uma proposta educacional que se caracteriza por:

a) procurar situar o saber histórico-cultural, criando espaços para os diferentes e excluídos na busca de uma formação mais solidária do homem;

b) procurar discutir as diferenças sem deixar de refletir sobre as relações de poder ali envolvidas;

c) compreender o homem em sua plenitude;

d) compreender o saber, holisticamente.

Retornando à outra questão, voltamos a indagar: Quais as possibilidades de concretização de tal proposta?

Acreditamos que a proposta pedagógica Etnomatemática solicita dos agentes envolvidos no processo educacional, em especial dos professores, uma ação comprometida com as características acima apontadas, ou seja, solicita uma concepção de ciência que se contrapõe ao atual modelo advindo da ciência moderna, que valoriza e legitima um único tipo de saber (o saber "científico", próprio das academias) em detrimento de outros (o saber-fazer, próprio do grupo social).

Esta mudança é um processo complexo, e seu caminho é o da reflexão sobre e na ação, não sendo possível, assim, ocorrer somente com leituras teóricas ou com um profundo desejo de mudar. Experienciar um trabalho nessa perspectiva é fundamental para que o professor, mesmo conhecendo e aceitando teoricamente a proposta, possa se inserir nela, pois pressupõe uma mudança de postura.

Nesse sentido, a proposta pedagógica da Etnomatemática jamais poderá ser compreendida como um método ou um modelo de ensino que se aplica em sala de aula, ou ainda como uma "receita" para se ensinar matemática de forma motivada e/ou com sucesso, isto é, o trabalho desenvolvido com um determinado grupo, dentro dessa perspectiva, não poderá ser levado como modelo para um outro grupo, podendo, no máximo, ser tomado como apoio para diversificar as possibilidades de leituras sobre determinado tema.

Desse modo, a essência desse processo passa pela postura do professor que, além de muito reflexiva, deverá incluir a pesquisa como uma condição *sine qua non* para o desenvolvimento do processo pedagógico. O professor precisa, então, estar preparado para propor, orientar, acompanhar e dar suporte teórico para a realização de pesquisas de campo (etnografia), a partir da qual emergirão temas e as possíveis versões e entendimentos sobre esses temas, advindos do cotidiano da comunidade.

Cremos, então, que a realização de tal proposta centra-se no preparo do professor, exigindo, geralmente, mudanças de postura. Isso torna complexo o processo de formação do professor, pois significa exigir dele (professor) uma mudança de atitude, e não apenas uma mudança metodológica em sala de aula. Ademais, isso implica possibilitar espaços de reflexão para os agentes envolvidos no processo educacional. Em outros termos, cabe aos educadores optarem ou não por mudar. Se a opção for por uma mudança, esta deve ir além do âmbito metodológico, que apenas incorpora modelos educacionais à sua prática. Essa mudança deverá partir de um processo reflexivo, que poderá gerar novas concepções e valores, bem como uma atuação política mais efetiva.

O processo reflexivo é então a chave da questão. Não é algo espontâneo, mas intencional, que depende primeiro de uma certa insatisfação do professor com sua prática e depois das oportunidades de acesso às "informações dialógicas". Nomeamos "informações dialógicas" aquelas que são obtidas num processo dialógico, isto é, pensamos que só a informação não basta, pois é necessário discuti-la e mais que isso: em educação, muitas vezes, é necessário vivenciá-la para só assim compreender a real dimensão dos fatos. Para tanto, é necessário que Estado, Escola e professores conscientizem-se de que não bastam cursos de vinte ou trinta horas oferecendo apenas dicas de condução do processo pedagógico. É necessário estimular, nas escolas e nos professores, a necessidade do estudo, da pesquisa e da discussão em grupo, das idéias e experiências desenvolvidas. Do nosso ponto de vista, seria da competência do coordenador pedagógico da instituição escolar organizar e acompanhar os diferentes grupos de estudos que poderiam dela emergir, isto é, caberia a ele a função de deflagrar esse processo no ambiente escolar, assim como caberia ao Estado ou às mantenedoras criar condições para a concretização desse ambiente acadêmico.

É necessário buscar caminhos que possibilitem ao professor refletir sobre sua prática, conhecer e discutir diferentes propostas, inclusive a da Etnomatemática. Porém, é necessário, também, reconhecer que esse "conhecer" não pode limitar-se aos textos, mas deve contemplar experiências a serem refletidas e analisadas, pois o excesso de teorias estudadas na superficialidade e os modismos acabam por aumentar a insegurança do professor e, por conseguinte, nutrir um sentimento de inutilidade dessas teorias.

Assim, nossa convicção é de que as possibilidades de um trabalho pedagógico numa abordagem Etnomatemática estão intimamente ligadas à crença de que necessitamos de mudanças estruturais e não paliativas, pois:

> acreditar que se pode melhorar o ensino, forçando os esquemas educacionais em direção a uma organização curricular enriquecida em seu conteúdo, é tão ingênuo quanto acreditar que a mera atribuição do direito de voto a todos os brasileiros muda em muito o contexto político atual de subordinação da população aos grupos de poder já estabelecidos, solidamente instalados e preparados para se manter nessa posição, mesmo na situação política reformulada. [...] o argumento em favor de uma reconstrução social esbarra necessariamente na reconstrução do próprio conhecimento científico e conseqüentemente da conceituação de progresso, de modernização e de desenvolvimento, sobre os quais repousa toda a estrutura social vigente (D'Ambrosio, 1990, p. 52).

Concluindo, mas não finalizando, consideramos que as reais possibilidades de concretização da proposta pedagógica da Etnomatemática centram-se na mudança de postura dos professores. Essa mudança é um processo lento e gradual e exige uma inserção cada vez maior do educador no processo de negociação, de reflexão e de pesquisa sobre sua própria prática. Assim, é fundamental buscar espaços na estrutura educacional vigente para que experiências nessa linha e em outras, mesmo que pontuais, ocorram.

Bibliografia

ANASTÁCIO, M. Q. A. A. (1990a). *Considerações sobre a Modelagem Matemática e a Educação Matemática.* Rio Claro, Unesp. Dissertação de Mestrado.

ANDRÉ, M. E. D. A. e LÜDKE, M. (1986). *Pesquisa em Educação: abordagens qualitativas.* São Paulo, E.P.U.

ARANHA, M. L. et al. (1986). *Filosofando: Introdução à filosofia.* São Paulo, Moderna.

ARAÚJO, U. F. (1997). "Apresentação à edição brasileira". In: BUSQUETS, M. D. et al. *Temas transversais em Educação.* São Paulo, Ática.

ARENDT, H. (1981). *A condição humana.* São Paulo, Edusp.

ASCHER, M. e ASCHER, R. (1986). "Etnomathematics". *Science History,* v. XXIV.

BACHELARD, G. (1996). *A formação do espírito científico.* Rio de Janeiro, Contraponto.

BALANDIER, G. (1984). "Los espacios y los tempos de la vida cotidiana". *Debats,* 10, dez. 1984.

____________. (1997). *A desordem.* Rio de Janeiro, Bertrand Brasil.

BASSANEZI, R. C. (1994). "Modelagem Matemática". *Dynamis – Revista Técnica Científica,* v. 2, n. 7, p. 55-83, Editora da FUPB, Blumenau, Brasil.

BERGER, P. I. e LUCKMANN,T. (1973). *A construção social da realidade.* Petrópolis, Vozes.

BIEMBENGUT, M. S. (1990). *Modelação matemática como método de ensino. Aprendizagem em cursos de 1º e 2º graus.* Rio Claro, Unesp, Dissertação de Mestrado.

BISHOP, A. (1991). "Mathematical Enculturation". *Mathematics Education Library,* Boston, Kluweer Academic Publishers.

BOFF, L. (1997). *A águia e a galinha.* Petrópolis, Vozes.

BORBA, O. F. (1980). *Conocimiento y poder popular: lecciones con campesinos de Nicaragua, México, Colombia.* Bogotá, Siglo Veintiuno e Punta de Lanza.

BURAK, D. (1987). *Modelagem Matemática: uma metodologia alternativa para o ensino de matemática na 5ª série.* Rio Claro, Unesp. Dissertação de Mestrado.

BRANDÃO, Z. (1995). *A crise dos paradigmas e a educação.* São Paulo, Cortez.

BRASIL (1997). Ministério da Educação. *Parâmetros Curriculares Nacionais.* Brasília, MEC/SEF.

CAPRA, F. (1983). *O Tao da Física.* São Paulo, Cultrix.

CARAÇ, B. J. (1984). *Conceitos fundamentais da matemática.* Lisboa, Livraria Sá da Costa.

CARRAHER, T. et al. (1988). *Na vida dez, na escola zero.* São Paulo, Cortez.

CASINI, P. (1995). *Newton e a consciência européia.* São Paulo, Editora da Unesp.

CERTEAU, M. de. (1994). *A invenção do cotidiano: artes de fazer.* Petrópolis, Vozes.

____________. (1995). *A cultura no plural.* São Paulo, Papirus.

CHÂTELET, F. (1992). *Uma história da razão.* Rio de Janeiro, Jorge Zahar.

CHAUI, M. (1989). *Cultura e democracia.* São Paulo, Cortez.

CHRÉTIEN, C. (1994). *A ciência em ação.* São Paulo, Papirus.

CRITELLI, D. M. (1981). *Educação e dominação cultural: tentativa de reflexão ontológica.* São Paulo, Cortez, 1981.

D'AMBROSIO, U. (1986). *Da realidade à ação.* São Paulo/Campinas, Summus/Editora da Unicamp.

____________. (1990). *Etnomatemática*, São Paulo, Ática.

____________. (1993a). *A educação matemática e a reincorporação da Matemática à História e à Filosofia.* I Seminário de Educação Matemática, Rio de Janeiro, jul.

____________. (1993b). "A transdisciplinaridade como acesso a uma história holística". In: *Rumo à nova transdisciplinaridade.* São Paulo, Summus.

____________. "Ação pedagógica e Etnomatemática como marcos conceituais para o ensino de matemática. In: BICUDO, M. V. (org). *Educação Matemática.* São Paulo, Moraes.

____________. (1995). *Historiografia, História e Pedagogia das ciências e da matemática.* Coleção de Textos. São Paulo (mimeo).

____________. (1996). *Educação Matemática: da teoria à prática.* São Paulo, Papirus.

DAVIS, P. J. e HERSH, R. (1985). *A experiência matemática.* Rio de Janeiro, Francisco Alves.

____________. (1988). *O sonho de Descartes.* Rio de Janeiro, Francisco Alves.

ERICKSON, F. *Coleta de dados.* Apud: *Qualitative Methods in Research in Teaching and Learning.* Nova York, M.P.C., 1990, v. 2. (mimeo; trad. Stella Maris Bortoni).

FOUREZ, G. (1995). *A construção das Ciências.* São Paulo, Editora da Unesp.

FRANCHI, R. H. de O. *A modelagem matemática como estratégia de aprendizagem do cálculo diferencial e integral nos cursos de engenharia.* Rio Claro, Unesp. Dissertação de Mestrado.

GAIGER, L. I. (1994). "A práxis coletiva dos sem-terra: rumo à unidade ou a heterogeneidade cultural?" *Cadernos de Sociologia*. Porto Alegre, v. 6, p. 177-203.

GARCIA, C. M. (1992). "A formação de professores: novas perspectivas baseadas na investigação sobre o pensamento do professor". In: NÓVOA, A. (coord.). *Os professores e a sua formação*. Lisboa, Dom Quixote.

GAZZETTA, M. (1989). *A modelagem como estratégia de aprendizagem da matemática em cursos de aperfeiçoamento de professores*. Rio Claro, Unesp, Dissertação de Mestrado.

GEERTZ, C. (1989). *A interpretação das culturas*. Rio de Janeiro, Guanabara Koogan.

____________. (1989a). "Estar lá, escrever aqui". *Diálogo*, v. 22, 3.

GERDES, P. [s.d.] "Sobre o conceito de Etnomatemática" [trad.]. In: *Estudos etnomatemáticos*. Maputo/Leipzig, ISP/KMU (mimeo).

GEORGEN, P. L. (1996). "A crítica da modernidade e a educação". *Pró-posições*. Unicamp v. 7, 2 jul.

GEYMONAT, L. (1997). *Galileu Galilei*. Rio de Janeiro. Nova Fronteira.

GINZBURG, C. (1987). *O queijo e os vermes: o cotidiano e as idéias de um moleiro perseguido pela Inquisição*. São Paulo, Companhia das Letras.

GÓMEZ, A. P. (1992). "O pensamento prático do professor: a formação do professor como profissional reflexivo". In: NÓVOA, A. (coord.). *Os professores e a sua formação*. Lisboa, Dom Quixote.

HABERMAS, J. (1990). *O discurso filosófico da modernidade*. Lisboa, Dom Quixote.

HARVEY, D. (1994). *Condição pós-moderna*. São Paulo, Loyola.

HELL, V. (1989). *A idéia de cultura*. São Paulo, Martins Fontes.

HELLER, A. (1992). *O cotidiano e a história*. São Paulo, Paz e Terra.

IMENES, L. M. P. (1989). *Um estudo sobre o fracasso do ensino e da aprendizagem da matemática*. Rio Claro, Unesp. Dissertação de Mestrado.

KNELLER, G. F. (1978). *A ciência como atividade humana*. Rio de Janeiro, Jorge Zahar.

KNIJNIK, G. (1996). *Exclusão e resistência: Educação Matemática e legitimidade cultural*. Porto Alegre, Artes Médicas.

LADRIÈRE, J. (1979). *Os desafios da racionalidade*. Petrópolis, Vozes.

LARAIA, R. B. (1986). *Cultura, um conceito antropológico*. Rio de Janeiro, Jorge Zahar.

LÖWY, M (1998). *As aventuras de Karl Marx contra o Barão de Münchausen*. São Paulo, Cortez.

LYOTARD, J. F. (1989). *A condição pós-moderna*. Lisboa, Gradiva.

MACHADO, N. J. (1987). *Matemática e realidade: análise dos pressupostos filosóficos que fundamentam o ensino da matemática*. São Paulo, Cortez.

____________. (1997). *Cidadania e Educação*, São Paulo, Escrituras.

MANACORDA, M. A. (1989). *História da Educação*. São Paulo, Cortez e Autores Associados.

MANZINI-COVRE, M. (1996). *No caminho de Hermes e Sherazade*. São Paulo, Vogal.

MARSHALL, B. (1995). *Tudo que é sólido desmancha no ar — a aventura da modernidade*. São Paulo, Schwarcz.

MCLARERN, P. (1987). "Paulo Freire e o Pós-Moderno". *Educação e Realidade*. Porto Alegre, 12 (1): 3-13, jan./jun., 1987.

MEIRA, L. (1993). "O 'mundo-real' e o dia-a-dia no ensino de matemática". *Educação Matemática*, SBEM, 1.

MELLIN-OLSEN, S. (1987). *The Politics of Mathematics Education*. Matematics Education Library -D. Reidel Publishers company, Dordrecht, Holland.

MORAIS, R. de (1986). *O que é ensinar*. São Paulo, EPU.

MORIN, E. (1990). *Ciência com consciência*. Portugal, Publicações Europa-América.

____________. (1986). *Para sair do século XX*. Rio de Janeiro, Nova Fronteira.

MONTEIRO, A. (1991). *O ensino de matemática para adultos através do método Modelagem Matemática*. Rio Claro, Unesp. Dissertação de Mestrado.

MONTEIRO, A. (1998). *Etnomatemática: as possibilidades pedagógicas num curso de alfabetização para trabalhadores rurais assentados*. Campinas, Unicamp. Tese de Doutorado.

MONTEIRO, R. C. (1995). *Concepções pedagógicas na visão holística*. Campinas, Unicamp. Tese de Doutorado.

MORENO, M. (1997). "Os temas transversais e as matérias curriculares". In: BUSQUETS M. D. et al. *Temas transversais em Educação*. São Paulo, Ática.

NEELEMAN, W. (1993). *Ensino de Matemática em Moçambique e sua relação com a cultura "tradicional"*. Rio Claro, Unesp. Dissertação de Mestrado.

NETTO, J. P. e CARVALHO, M. C. B. (1996). *Cotidiano: conhecimento e crítica*. São Paulo, Cortez.

OLIVEIRA, R. C. de et al. (1993). *Pós-modernidade*. São Paulo, Editora da Unicamp.

OLIVEIRA, M. K. [s.d.] *Raciocínio e solução de problemas na vida cotidiana de moradores de uma favela*. São Paulo, USP/FE.

OLIVEIRA, R. D. e OLIVEIRA, M. D. (1981). *Pesquisa social e ação educativa: conhecer a realidade para poder transformá-la* . In: BRANDÃO, C. R. (org.). *Pesquisa participante*.

ORTIZ, R. (1994). *Cultura brasileira & identidade nacional*. São Paulo, Brasiliense.

____________. (org.). (1994). *Pierre Bourdieu*. São Paulo, Ática.

PAES, J. M. (1984). *Fontes documentais em sociologia da vida quotidiana*. (mimeo).

______________. (1990). "Lazeres e sociabilidades juvenis — um ensaio de análise etnográfica". *Análise Social*, v. XXV.

______________. (1995). *A contextualização sociológica pela via do quotidiano*. Notas de aulas (mimeo).

PESSIS-PASTERNAK, G. (1993). *Será preciso queimar Descartes?* Lisboa, Relógio D'Água.

POMPEU JR., G. (1992). *Bringing ethomathematics into the school curriculum*. Cambridge, Cambridge University. Tese de Doutorado.

PIETROPAOLO, R. C. (1999). "Parâmetros Curriculares Nacionais de Matemática". *Educação Matemática em Revista*, ano 6, 7, jul.

PRESTES, M. H. (1992). "O sujeito, a modernidade e a educação". *Educação e Realidade*. Porto Alegre, 17(2):3-9, jul./dez.

PRIGOGINE, I. (1996). *O fim das certezas*. São Paulo, Editora da Unesp.

______________ e STENGERS, I. (1997). *A nova aliança*. Brasília, Editora da UnB.

ROBITAILLE, D. e DIRKS, M. (1982). "Models for the Mathematics Curriculum". *For The Learning of Mathematics*, v. 2, n. 3, p. 3-21, mar., FLM Publishing Association, Montrreal, Quebec, Canadá.

ROSSI P. (1992). *A ciência e a filosofia dos modernos*. São Paulo, Editora da Unesp.

SANTOS, B. de S. (1996). "Para uma pedagogia do conflito". In: SILVIO, L. H. et al. (orgs.). *Novos mapas culturais — novas perspectivas educacionais*. Porto Alegre, Sulina.

SANTOS, Boaventura de S. (1996). *Pela mão de Alice*. São Paulo, Cortez.

SCHÖN, D. A. (1992). "Formar professores como profissionais reflexivos". In: NÓVOA, A. (coord.). *Os professores e a sua formação*. Lisboa, Dom Quixote.

SEBASTIANI FERREIRA, E. [s.d.] *A "Matemática Materna" de algumas tribos indígenas brasileiras* (mimeo).

______________. (1991). "Por uma Teoria da Etnomatemática". *Bolema*, 22.

______________. (1993a). *A verdade na ciência*. Encontro de Educação Indígena.

______________. (1993b). "Cidadania e Educação Matemática". *Revista da Sociedade Brasileira de Educação Matemática*. SBEM, ano 1, 1.

______________. (1994a). "A importância do conhecimento etnomatemático indígena na escola dos não índios". *Em Aberto*: Tendências na Educação Matemática, 62.

______________. (1994b). *A metade maior do sanduíche é minha*. Blumenau. Anais HPM.

______________. (1995). "Uma metáfora para a transdisciplinaridade". *Boletim GEPEM*, ano XIX.

______________. (1997). *Etnomatemática — uma proposta metodológica*. Série Reflexão em Educação Matemática. Rio de Janeiro, MEM/USU.

SKOVSMOSE, O. (1993). *Towards a Philosophy of Critical Mathematics Education*. Mathematics Ed. Library.

SOUZA, A. C. C. (1986). *Matemática e sociedade — um estudo das categorias do conhecimento matemático*. Campinas, Unicamp. Dissertação de Mestrado.

STORT, E. V. R. (1993). *Cultura, imaginação e conhecimento*. São Paulo, Editora da Unicamp.

STRUIK, D. J. (1989). *História concisa das matemáticas*. Lisboa, Gradiva.

SZABÓ, A. (1960). "The transformation of mathematics into deductive science and the beginnings of its foundation on definitions and axioms". *Scripta Mathematica*, v. XXVII, 1.

TARELHO, L C. (1988). *Da consciência dos direitos à identidade social: os sem-terra de Sumaré*. São Paulo, PUC. Tese de Doutorado.

VERHELST, T. (1987). *O direito à diferença*. Petrópolis, Vozes.

ZAIDAN, M. F. (1989). *A crise da razão histórica*. São Paulo, Papirus.